가진 게
지독함뿐이라서

가진 게 지독함뿐이라서

초판 1쇄 발행 2025년 2월 19일
초판 2쇄 발행 2025년 3월 5일

지은이 윤미애
펴낸이 최순영

출판1 본부장 한수미
와이즈 팀장 장보라
편집 선세영
원고진행 최성은
사진 한정수
디자인 굿베러베스트

펴낸곳 ㈜위즈덤하우스   **출판등록** 2000년 5월 23일 제13-1071호
주소 서울특별시 마포구 양화로 19 합정오피스빌딩 17층
전화 02) 2179-5600   **홈페이지** www.wisdomhouse.co.kr

ⓒ 윤미애, 2025

ISBN 979-11-7171-361-5 03190

상위 0.001%
전설의 벤츠 딜러가
일과 돈을
초고속으로 키운 태도

가진 게
지독함뿐이라서

윤미애 지음

위즈덤하우스

지독함은
나를 사랑하는 방법이었다

"좋아하는 일을 해야 해요? 잘하는 일을 해야 해요?"

강의에서도, 후배들에게도 많이 듣는 질문이다. 나는 좋아하는 일을 택하라고 답한다. 그래야 오래 할 수 있다. 계속하다 보면 숙련되고 잘하게 돼 큰 성과도 따라온다. 혹여 잘 못해서 성과가 빨리 나타나지 않아도, 자기가 좋아하는 일을 하니 덜 지치고 더 오래 버틸 수 있다. 말하는 것도 좋아하고, 관찰하는 것도 좋아하는 나에게 세일즈는 천직이다. 처음 시작할 때부터도 두려움보다 설레는 마음이 더 컸다. 그런 게 바로 좋아하는 일이다.

IT 분야에서 영업할 때였다. 오피스가 많이 입주해 있는 건물의 맨 위층에 올라가서 한 층 한 층 내려가면서, 사무실에 무작정 들어가 회사 제품의 전단지와 명함을 두고 오는 일명 '빌딩 타기'도 자주 했다.

"안녕하십니까? 전용회선 ○○○입니다. 필요하면 연락주세요."

웬만큼 넉살 좋은 남자들도 어려워하고 머뭇거리는 일인데, 나는 처음부터 싫지 않았다. 무시하는 듯한 냉랭한 시선, 잡상인 취급하며 내쫓는 험한 말투, 심지어 욕도 먹어봤지만, 나는 전혀 부끄럽지 않았다.

BMW라는 고급 수입차를 영업하면서도 초창기에는 아파트 우편함에 전단지를 넣고, 상가를 돌며 전단을 건네는 일을 서슴없이 했다. 산업단지 주차장에 세워둔 좋은 차들에 전단지를 꽂았고, '비타500' 음료수에 스티커를 붙여서 철재상가 사장님들을 찾아다니며 판촉 활동을 했다. 현장에서 경비 아저씨한테 걸리는 민망한 경우도 있었고, 여자 직원이 기계 소리 요란한 상가단지를 돌아다니며 영업하는 걸 안쓰럽게 보는 시선도 많았다.

그래도 나는 부끄럽지 않았다. 창피하기는커녕, '나는 이런 것도 할 수 있는 사람이야' 하는 자신감이 있었다. 그런 걸 자존감이라고 표현해야 할까? 내 몸으로 열심히 일해서 성과를 내는 게 얼마나 정직한 일인가. 나는 거기에서 더 큰 보람을 얻었다.

그렇게 사람들에게 천 번쯤 인사하면 한두 건 전화가 오거나 문자가 오지만, 그것만으로 희열을 느꼈다. 물론 계약까지 성사되면 더없이 행복했다.

나는 가난을 잘 안다. 더럽고 위험한 주거환경에서 살았었고, 학비를 구하기 위해 어린 나이부터 일해야 했다. 요즘 친구들이 경험하는 원룸이나 알바 수준이 아니었다. 집 밖에 덩그러니 있던 공동화장실을 이웃들과 나눠 써야 했고, 중학교부터 방학이면 공장에 나가 다음 학기 학비를 벌어야 했다. 그런 가난의 구렁텅이로 다시 떨어지고 싶지 않았다. 가난이 대물림되는 일은 절대 없어야 한다는 간절한 마음으로 살아왔다. 옛날로 다시는 돌아가고 싶지 않다는 마음이 항상 나를 더 치열하게 움직이게 했다.

그래서일까? 나는 먹고살기 위해 돈 버는 데는 뭘 해도 두려움이 없다. 그리고 뭐든 할 수 있다는 자신감이 넘친다. 지금도 정말 사정이 어려워지면 대리운전이나 택시 운전도 할 수 있겠다고 생각한다. 운전도 잘하고, 길도 많이 알아서 자신 있다. 얼마 전에는 대형면허도 땄으니 버스도 몰 수 있을 것 같다. 주변 사람들은 말도 안 되는 소리 말라며 웃어넘기지만, 나는 진심이다. 어떤 상황에 떨어지더라도 두 팔 걷고 일어설 각오가 되어 있다는 의미다.

같은 이유로 나는 세일즈가 좋다. 내가 하는 만큼 벌 수 있는 정직한 일이라는 것이 더 없이 좋다. 나를 투명하게 보여주고, 내 능력을 투명하게 인정받는 세일즈라는 일에 대한 사랑은 결국 나 자신에 대한 사랑이었다. 살아온 매시간 치열했고, 정직한 밥벌이라면 어떤 일에든 자신감 넘치는 나를 응원하고 사랑한다.

이 책을 펼친 분들 중에서 도무지 앞이 보이지 않아 주저앉고 싶은 분이 있다면, "그 무엇보다 스스로를 사랑하라"고 크게 말해주고 싶다. 지금 가진 게 없더라도 괜찮다. '지독함'이라는 태도로 나 자신을 사랑하다 보면 언젠가 간절했던 모든 게 이루어진 자신을 만날 수 있을 것이다. 이 책은 그 순간들에 대한 기록이다.

지독함은 나를 사랑하는 방법이었다.

차 례

PART 1　　　　　　　　　지독하게 일한다는 건

1장　》》》　　　　　　　　세상의 모든 일은 영업이었다

2장　》》》　　　　　　　　세일즈에서 배운
　　　　　　　　　　　일을 초고속으로 키운 7가지 태도

PART **1**

지독하게
일한다는 건

1장

세상의 모든 일은
영업이었다

스물넷,
혼자 6억짜리 입찰을 따내다

"나보다 낫네? 유튜브 보다가 내 얘기가 나와서 깜짝 놀랐다.
잘 지내는 것 같아서 좋네!"

2024년 4월 유튜브 〈2030도전〉에 내 이야기가 소개된 뒤, 지인
들로부터 많은 연락을 받았다. 2025년 2월 현재 170만 조회수를
올릴 정도로 노출되다 보니, 친구나 고객들뿐 아니라 오래전 소식
이 끊긴 지인들에게서도 연락이 온다. 자기 이야기가 나와서 깜짝
놀랐다는 댓글을 올려, 20년 만에 연락이 닿은 분이 있다. A사 김
선생님의 연락은 더욱 반가웠다. 내 첫 번째 성공의 순간을 만들

어준 고마운 분이기 때문이다.

전문대 사무자동학과를 졸업하고 내가 선택한 첫 직장은 세진컴퓨터랜드였다. 동기들은 은행 취업이 많았다. 1996년 내가 입사할 당시 은행은 신입사원 연봉이 1천 4백~1천 6백만 원 선이었는데, 세진컴퓨터랜드는 1천 8백만 원이었다. 돈을 벌고 싶었던 나에게는 당연한 선택이었다.

입사 후 분당 야탑점에서 근무를 시작하며 지점 관리 업무에 투입됐다. 지점장님 밑에서 지점 전체 실적과 현황을 본사에 보고하고 지점 간의 업무 정리 등을 담당하며 많은 일을 배웠다. 그 지점에는 서비스와 컴퓨터 교육팀이 포함돼 있어서 컴퓨터 구매자를 대상으로 하는 판매, 서비스, 교육까지 관장하고 있던 터라, 제품 판매 외에도 모든 업무를 섭렵할 수 있었다.

그러던 중 본사에 특판영업팀이 신설되면서 전국 지점에서 PC 판매를 잘하는 직원들을 발탁했는데, 나는 영업 지원 업무로 추천돼 강서구 염창동에 위치한 본사로 이동하게 됐다. 특판영업팀에서 내 사수였던 대리님은 공기업 영업에 특화된 베테랑으로, 스카우트되어 온 외부 인사였다. 일은 잘하는 사람 밑에서 배워야 하는 법이다. 나는 단순히 업무 지원을 할 뿐이었지만, 2년여 동안 입찰 PT도 따라다니고 고객과 대화하는 것도 지켜보며 자연스럽게 그분의 일하는 방식을 익히게 됐다. 법인을 상대할 때는 어떻게 개별적으로 응대하는지, 관공서는 어떤 형태로 영업이 진행되는지 어깨너머로 배웠다.

대리님은 혼자 관공서, 금융사, 법인 등 굵직한 고객들을 담당했는데, 업무와 성과에 비해 회사의 처우가 아쉬웠던 모양이다. 항상 이직을 염두에 둔 말을 했고, 결국 큰 입찰을 코앞에 두고 퇴사했다. 입찰을 준비 중이던 특판영업팀은 난처한 상황에 빠지고 말았다. 특판영업팀 중 법인영업팀은 한 팀이었는데 본부장, 팀장, 실무자인 대리, 그리고 영업관리 직원이던 나 이렇게 네 명이 구성원의 전부였다. 그러나 본부장, 팀장 모두 실제 업무를 몰랐으니 발만 구르고 있었다. 그나마 제안서나 견적서 처리 업무를 지원하던 내가 내용을 알고 있는 유일한 사람이었다. 본부장님이 갑자기 나를 부르더니 제안했다.

"윤미애 씨, 이번 건 직접 한번 해보는 것 어떤가? 할 수 있겠어?"

기회가 오면 잡는다

야심이었을까? 호기심이었을까? 아니면 오기였을까? 법인영업을 단독으로 해본 적이 단 한 번도 없던 나는 배짱도 좋게 대답했다.

"네, 해보겠습니다."

업무 보조만 하는 일개 직원에게 결코 주어질 수 없는 제안이었다. 본부장님은 지푸라기라도 잡는 심정으로 내게 말했을 것이다. 그리고 바로 그날, 입찰 대상인 A금융사에 가서 담당자를 만나라고 했다. 관공서나 법인 대상 영업은 구청과 조달청 등 관공서를 수없이 다녀야 했고 서류작업도 무척 많았다. 그 일들은 평소 내가 해왔던 터라 내용은 이미 알고 있었지만, 법인 고객을 혼자 만나본 적은 단 한 번도 없었다.

나는 강서구 염창동의 사무실을 나가서 강남의 끝에 있는 A금융사까지 마을버스 타고 지하철 타고 또 마을버스를 갈아타며 산 넘고 물 건너 고객을 찾아갔다. 그런데 가는 내내 무척이나 설렜다. 첫 법인 고객을 단독으로 상담하는 자리이니 겁이 났을 법도 한데, 긴장과 두려움보다 설렘이 더 컸다. 이날의 기분 좋은 설렘은 두고두고 잊히지 않는다. 어쩌면 세일즈라는 천직을 찾게 된 첫 순간이었을지 모르겠다. 적어도 내가 좋아하는 일이 무엇인지 어렴풋이 알게 됐던 첫 순간이었던 것만은 분명하다.

담당자를 만나 우리 회사의 기존 담당자가 그만둬 내가 진행하게 되었다는 사정부터 앞으로의 일정 등을 이야기했다. 통화를 자주 했던 터라 대화는 순조로웠고, 담당자분은 친절했다. 그게 용기가 되었나 보다. 나는 당돌하게 제안했다.

"식사 한번 하시죠."

진심을 담아 승부수를 던진다

담당자는 흔쾌히 응했고, 입찰 전 어느 저녁으로 약속이 잡혔다. 고객과의 저녁 식사를 앞두고 회사 상사들이 더 호들갑이었다.

"윤미애 씨, 진짜 혼자 갈 수 있겠어? 우리가 같이 가야 하는 거 아니야?"

본부장님, 팀장님은 내가 식사 약속을 잡아온 것도 신기해했지만, 겨우 스물네 살짜리 사회초년생 여직원을 남자 고객과의 저녁 자리에 내보내는 것이 맞는지 고민했던 거 같다. 나는 혼자 가야 할 것 같다며, 법인카드만 지원해달라고 청했다.

법인카드를 챙겨 들고 사당동에 있는 고깃집에서 A사 담당자를 만났다. 30대 중반의 남자분이었고 생각보다 편하게 대화를 이어가게 됐다. 이런저런 사담이 오가다 그분이 한국방송통신대학교(이하 방송대)에 다니고 있다는 것을 알게 됐다. 마침 나도 그때 방송대 재학 중이었다. 대학을 제대로 다닐 수 없었던 사정, 뒤늦게 방송대를 선택하게 된 마음, 그리고 직장 다니며 공부하는 고충. 이런 공통분모로 우리는 좀 더 진솔한 이야기들을 나누게 됐다. 혼자 가길 잘한 것 같았다. 그래도 내 목적은 일. 일 이야기를 하기 위해 만든 자리 아닌가. 식사가 마무리될 즈음, 나는 직구를 던졌다.

"저, 이 입찰 따고 싶습니다. 어떻게 하면 낙찰 받을 수 있을까요?"

"나한테 지금 답안지를 달라는 겁니까? 당황스럽네요."

그분의 황당해하는 표정이 지금도 생생하다. 나는 대타로 이 건을 맡게 되었고, 회사에 확실한 성과를 보여줘 인정받고 싶다는 솔직한 심정까지 털어놨다. 처음 면담하러 나올 때 더없이 설레고 좋았다는 이야기도 했다.

결국 나는 입찰 관련 좋은 정보를 얻었고 우리 회사는 8백여 대 PC를 전국 지점에 납품하는 계약을 따낼 수 있었다. 본체와 모니터까지 합쳐 PC 한 대 당 70~80만 원이었던 것으로 기억하니, 매출액은 6억 원에 달했다. 첫 영업 수주로는 큰 금액이었다.

영업 관리를 하던 여직원이 거둔 이 쾌거는 회사 전체를 뒤흔들었다. 유능한 직원 한 명이 퇴사해 걱정하던 회사는 내가 큰 역할을 해내니 놀라워했고, 적극적으로 업무 진행을 지원하기 시작했다. 그렇다고 인센티브나 특진이 따랐던 건 아니다. 나는 회사에서 인정받았다는 것만으로도 좋았다.

그때의 경험에서 나는 무엇보다 큰 것을 배웠다. 바로 '할 수 있어'라는 마음이었다. 어떤 일을 받아들일 때 겁을 먹고 물러서기보다는 부딪혀야 한다는 것도 깨닫게 됐다. 실제로 부딪혀보면 걱정했던 것들 대부분은 쓸데없는 걱정이었다는 것도 알게 된다. 맞닥뜨려보면 훨씬 더 간결하게 답이 나오는 경우가 많다. 그 후로도 나는 새로운 도전을 마주할 때마다 '할 수 있을 것 같아'라는 마음을 갖는다. 그리고 행동에 옮긴다.

사실 운도 좋았다. 그 시기에 나에게 예기치 않은 기회가 왔다는 것도 감사하고, 그런 분을 만난 것도 너무 감사한 일이다. 나의 첫 성공에 결정적 도움을 준 김 선생님께 한참 뒤, 어떻게 나를 도와주게 됐느냐고 물어본 적이 있다. 그분은 젊은 친구가 당차고 열심히 하는 게 멋져 보여서 도와주고 싶었다고 했다. 그분은 이후로도 방송대 공부와 내가 대학원에 갈 때 조언과 관심도 아끼지 않으셨다. 훗날 이직하며 소식이 끊겼는데, 유튜브 영상을 통해 연락이 닿은 것이다. 근 20년 만에 통화를 하며 우리는 다음 식사 자리를 기약했다.

"고기 한번 먹읍시다!"

평생 살면서 은인과 기회는 3번씩은 온다고 하던가? 내게 세일즈의 성취감을 맛보게 해준 김 선생님은 또 한 명의 은인이다. 그리고 나의 첫 번째 기회는 영업을 시작하게 된 이때라고 생각한다.

매출 120억 회사에서
110억을 책임지는 사람

나에게 세일즈의 성취감을 처음 맛보게 했던 직장 세진컴퓨터 랜드는 곧 문을 닫게 됐다. 컴퓨터 유통업계에 혜성같이 나타나 5~6년 전성기를 누렸지만, 유통시장의 과열 경쟁과 방만한 경영 확장으로 어려움을 겪게 된 것이다. 명예퇴직을 신청받아 대부분이 나가고 일부 직원만이 남아 마무리를 했는데, 나는 명퇴를 신청하지 않고 남아 이직할 회사를 찾았다.

세기말이라 불리던 1990년대 후반부터 이른바 '벤처 붐'이 일었다. 새로운 밀레니엄이 시작되던 2000년, 버스를 타고 강남의 학동역 사거리쯤을 지날 때였다. 언덕배기에 세로로 커다랗게 서 있는 파란색 입간판이 눈에 들어왔다. '디지털임팩트'라는 회사의 이름이 써 있었다. IT업계가 부상하던 그 시기에는 '디지털'이라는 단어가 트렌디했는데, 회사 이름에 그 단어가 들어 있다는 게 왠지 있어 보였다. 강남의 메인 스트리트에 큰 입간판이 우뚝 자리하고 있는 것을 보니, 유망한 벤처기업 같기도 해서 막연하게 '저 회사에 가고 싶다'는 생각을 했었다. 그런데 취업 사이트를 뒤지던 중, 바로 그 디지털임팩트라는 회사에서 영업직을 채용한다는 공고를 발견했다. '이게 인연인가?' 싶은 마음에 지원했고, 운 좋게도 면접을 보고 바로 합격 통보를 받았다. 그렇게 나는 4년 동안 근무했던 세진컴퓨터랜드를 퇴사하고 두 번째 회사로 옮기게 되었다.

지금은 KT, SKT, LG유플러스 등 대기업 통신사가 통신망을 설치한 뒤 개인 소비자의 가입을 받아 서비스 요금을 받는다. 디지털임팩트는 그런 메인 통신망 회사에서 법인 전용회선 공동망을 구입한 뒤, 저렴하게 개별 소비자들에게 서비스를 제공하던 회사였다. 고객은 주로 작은 중소 법인들이었다. 디지털임팩트 자체도 작은 회사였기 때문에 직원들이 영업뿐만 아니라 일선의 각종 업무까지 담당했다. 매달 요금 지로용지 발행에서부터, 미수금업체의 대금 회수며 야간 근무 서비스 응대까지 모든 걸 다했다. 3개월 이상 미수가 발생하면 내용증명을 보내고 압류 딱지도 붙이는데, 그 업무까지 해야 했다. 미납 고객의 회사 사무실에 가서 돈 내라고 몇 날 며칠 죽치고 있다 수금하는 일도 해봤다. 정말 버라이어티했다. 하지만 일은 일. 그때도 창피하다는 생각은 하지 않았고, 이렇게까지 해서 미수금을 회수하는구나, 배워나갔다.

나에게 주목하게 한다

아직 여자 영업사원이 많지 않던 시절이었다. 그래서일까? 남자 직원에 익숙했던 고객사들은 나를 불편해했다. 나를 대하는 그들에게서 벽이 느껴졌다. 벽이 있으면 깨트려야지! 나는 '달달함'으로 공략했다. 매주 특정 요일을 정해서 오전 10~11시경에 던킨 도넛을 사들고 인사를 다녔다. 직장인들이 아침을 잘 안 먹고 다니니, '아점'으로 달달한 도넛이 제격일 것 같았다. 오전 10~11시는 비교적 여유 있는 시간이라 좀 더 편하게 이야기할 수 있을 테고. 매주 한 번씩 달콤한 도넛을 먹으며 얘기하는 시간을 노렸고, 나는 서서히 단단하던 벽을 허물어갈 수 있었다.

내가 출연한 유튜브 〈2030도전〉 영상을 보고 "던킨녀? ㅋㅋ"라고 댓글을 달며 그때의 나를 기억해주는 분도 있었으니, 내 전략이 인상적이었나 보다. 도넛이 됐든 커피가 됐든 인상적인 문구하나가 됐든 자신만의 색깔을 각인시키는 건 무척 중요하다. 우리는 누구나 '평판'이라는 꼬리표를 달고 다닌다. 인성이나 직무 능력 등 깊이 알아야 나오는 평판도 있지만, 작은 행동이나 인상착의 같은 것도 사람들 기억에 남아 나를 평가한다. 그런 기억이 쌓여 마치 해시태그처럼 내 이름 뒤에 따라오는 무엇, 그것을 어떻게 만들 것인가. 내 이름 뒤에 남들은 어떤 해시태그를 붙여주고 있을지 한 번쯤 생각해보기 바란다. 모든 영업은 여기에서 출발한다. '던킨'이라는 강렬한 인상을 남겼지만, 그 시절 내가 정말 남기고 싶었던 인상은 '성실함'이었다. 매주 한 번씩 변함없이 도넛을 들고 찾아오는 성실한 영업 직원. 그 기억을 심어주고 싶었다.

그때는 점심을 먹으며 술 한잔 곁들이는 반주를 많이들 하던 시절이었다. 여직원이라 저녁 술자리는 고객들이 부담스러워할 수 있으니, 점심에 반주를 함께하며 이야기를 풀어가곤 했다. 아무래도 술이 들어가면 사람들은 진솔하게 마음을 열지 않던가. 그런 점을 파고들었던 것이 내 나름의 영업 수완이었다. 덕분에 그 시절 나의 주량도 활짝 꽃피었다. 고객들과 격의 없이 편한 이야기를 나누며 친해지려고 애쓰면서도, 업무 관련 요청 사항이 있으면 칼같이 응대했다. 얼큰하게 반주를 걸치고 난 다음에도 업체 방문 후 사무실에 복귀하면 1시간 이내로 똑 부러지게 피드백을 했다. 한없이 편하게 이야기 나눈 뒤에도 할 일을 분명히 해내는 성실함을 놓치지 않았다.

여성 영업사원이기 때문에 어려움도 있었지만, 희소성 덕분에 주목받기도 했다. KT&G의 전신인 한국담배인삼공사를 상대로 PC 영업을 한 적이 있다. 몇 개의 회사가 입찰해서 대전에 있는 본사에서 경쟁 PT가 진행됐다. 대규모 회의장의 커다란 원탁에 그 회사의 부서장과 임원들이 앉아 있었다. 전원 남자였고 주로 40~50대였는데, 테이블에 재떨이를 두고 담배를 피우며 PT를 지켜봤다. 실내 흡연이 가능했던 시절이었다. 큰 규모의 입찰이었기에 우리 세진컴퓨터랜드뿐 아니라 삼성, 대우, 삼보 등 당시 PC업계의 대표 업체들이 모두 참여했다. 프레젠테이션에 나선 각 회사 담당자들도 모두 남자였고, 내가 유일한 여자였다.

내 순서는 마지막이었다. 내 차례가 되어 입장하는데, 조용한 실내에 내 구두 소리만 또각또각 울렸다. 그러자 담배를 물고 팔짱을 낀 채 의자에 느슨하게 기대 있던 사람들이 허리를 세우고는 모두 내 쪽을 돌아봤다. "뭐야, 여자야?" 하는 소리도 나지막이 들렸다. 나에게 시선이 집중되고 있다는 것을 생생하게 느낄 수 있었다. 긴장되기도 했지만, 솔직히 나는 그 순간이 너무 좋았다. 짜릿했다. '이 사람들이 나한테 집중하네!' 준비한 것을 발표하는 순간에도 힘이 생겼다. '얼마나 잘하나 보자'는 편견 어린 시선이었을지라도, 일단 집중하며 주목하는 것이 느껴졌다. 나는 보란 듯이 깔끔하게 PT를 진행했다. 내가 청중 앞에 서면 더 신이 나고 더 잘하고 싶어지는 사람이라는 것을 그때 처음 느꼈다. 물론 그 입찰의 승리자는 우리 회사였다.

차 달라는데 왜 주차장에 가는 거야?

IT 관련 새로운 사업들이 빠르게 등장하던 시절이라 업체들에도 변화가 많았다. 디지털임팩트가 전용회선 가입자수 규모를 어느 정도 갖춘 돈이 되는 회사였기 때문에 얼마 후 '임팩트라인'이라는 회사에 인수합병이 됐고, 나중에 '두루넷'이라는 회사로 인수 편입됐다. 나는 그 시점까지 인터넷 전용회선 영업으로 약 4년을 근무했다.

임팩트라인 당시 재미있던 에피소드가 하나 있다. 중소기업이다 보니 회사의 조직을 재정비한다는 취지로 대기업에서 임원을 모셔 오는 경우가 많았는데, 그 회사에서도 삼보컴퓨터에서 근무하던 임원분을 모셔왔다. 새로 부임한 지 얼마 안 되던 날, 그분을 찾는 손님이 왔다. 사무실에 여직원은 나 하나뿐이었는데, 그분이 방 앞에서 나를 부르며 말했다.

"여기요, 차 좀. 차 좀!"

우리 회사 주차장이 좁아 이중주차를 할 때였기 때문에 나는 당연히 주차 정리를 하라는 말로 알고, 회사 차의 키를 들고 주차장에 나가서 신속하게 차를 정리했다. 그리고 올라왔더니, 임원분이 언짢은 표정으로 팀장한테 한마디 하는 게 아닌가.

"저 친구 뭐야? 커피 심부름을 시켰는데 주차장에는 왜 가는 거야!"

세진컴퓨터랜드에서도 영업을 시작하면서부터 커피 심부름을 해본 적 없었고, 이후에는 줄곧 매출을 많이 올리는 영업사원이었기 때문에 차 심부름은 하지 않았다. 나도 굉장히 불쾌해서, 왜 나한테 커피 심부름을 시키느냐고 따졌던 기억이 있다. 지금 생각하면 손님이 오셨으니 나이도 어린 내가 할 수도 있는 일이었는데, 그때는 발끈했다. 어엿하게 전문적인 영역에서 성과를 올리고 있는데, 여자라는 이유로 폄하되고 있던 여러 상황들이 쌓여 나를 날카롭게 만들었던 것 같다.

이후 임팩트라인이 두루넷에 팔리면서 고객 편입이 됐고, 영업사원은 딱 한 명만 두루넷으로 추천이 됐다. 실적으로 평가해서 잘하는 사람을 선정할 때, 문제의 그 임원이 나를 콕 집어 추천했다. 처음에는 얼굴을 붉혔지만, 그 후에 '밸크리텍'이라는 회사로 이직할 때도 나를 스카우트하셨고, 몇 년 전까지 OB 모임에서도 항상 나를 반겨주신 분이다. 그렇게 서로 좋은 인연을 이어갔다. 오해를 푸는 가장 빠른 방법은 '실력'이다. 잘못된 관행으로 '여직원은 차 심부름하는 사람'이라는 고정관념을 갖고 있던 그 임원은 나를 성과로 판단하게 됐고, 여직원에 대한 고정관념도 어느 정도 깨졌으리라 믿는다.

디지털임팩트에서 임팩트라인으로 회사명이 바뀌고, 그 회사가 두루넷으로 편입됐는데 두루넷의 전용회선 사업부는 'SK네트웍스'로 편입됐다. 그때 나는 SK네트웍스에도 뽑혀서 편입되는 인원으로 정해져 있었다. 하지만, SK네트웍스라는 대기업을 박차고 나와 중소벤처기업인 POS 전문업체 밸크리텍으로 이직했다. 사람의 인생은 순간의 결정으로 많은 것이 바뀌곤 한다. 아마 그때 SK네트웍스에 다녔더라면, 지금처럼 세일즈로 승부를 보는 사람이 아니라 평범한 직장 생활을 했을 것 같다. 내게는 중소기업으로의 이직 선택이 신의 한 수였다.

회사 매출의 90%를 담당하는 직원

국내 1호 컴퓨터 기업인 삼보에서 2001년 POS 사업부가 분리돼 밸크리텍이라는 회사가 설립됐다. 밸크리텍은 유통 매장의 필수 단말기인 POS 장비를 제조하는 전문업체다. 빵집이나 음식점 등에서 계산할 때, 화면을 누르는 장비가 바로 POS 장비다.

밸크리텍에서도 나는 세일즈가 내 천직이라 느끼며 POS 장비를 열심히 팔러 다녔다. 밸크리텍은 장비의 제조와 판매까지 겸하던 건실한 기업이었고, 코스닥 상장을 준비할 정도로 POS 장비 회사로는 시장점유율이 컸던 중견기업이었다. 웬만한 프랜차이즈점의 POS기에는 밸크리텍이라는 마크가 보여서, 상당한 자부심을 갖고 장비를 팔러 다녔다. 나는 직업병처럼 새로운 브랜드

매장만 눈에 띄면 바로 리스트에 올리고 영업을 시도했다. 운전하다 신호 대기 중일 때면 주변의 간판을 쭉 훑었다. 그러다 신규 프랜차이즈 매장이 보이면 곧바로 인터넷 조회를 해서 본사 홈페이지를 찾고, 전산팀 또는 총무팀 담당자를 찾아 연락했다. 하루에 2~3곳 이상은 꼬박꼬박 연락해서 제안서를 제출하고 미팅 일정을 잡으며 부지런히 뛰었다.

처음에 대리급으로 입사해서, 근속연수가 채워지면서 과장, 차장으로 승진했고, 담당하는 업체수도 늘어났다. 기존 업체부터 신규 업체까지 많은 업체를 담당하며 열심히 세일즈했다. 그때는 직급과 별개로 '영업 대표'라는 직함이 있었는데, 영업 대표라는 직함을 쓰는 인원은 4명뿐이었다. 여자는 내가 유일했다. 나뿐 아니라 다른 경쟁사에서도 여자 영업사원은 단 한 명도 보지 못했다. 하지만 우리 회사에서 최고 매출을 올리고 있는 건 나였다.

새로운 클라이언트를 만나 PT를 할 때는 회사 소개를 위해 회사의 재무제표나 매출 현황과 거래 실적 등의 레퍼런스를 가지고 제안서를 만들어 제시하곤 했다. 그때 회사 관련 자료들을 보면 우리 회사의 주 고객이 모두 다 내 거래처였다. 어느 날 보니 회사 매출의 90%를 내가 담당하고 있었다. 120억 매출에서 110억을 내가 책임지고 있었던 것이다. 그럼에도 불구하고 나이도 어리고, 여직원이라는 이유로 매번 승진 인선에서 밀렸다.

"사장님, 저 연봉 더 주셔야 하는 거 아니에요?"

회식 자리에서 사장님한테 술기운을 핑계로 진심을 말하며 '개기기'도 해봤지만, 매번 승진 때면 돌아오는 말이 똑같았다.

"너는 어리잖아. 저기는 애도 있고 가장이야. 이번에만 양보해라."

항상 똑같은 이유로 나를 회유했다. 당시 내 연봉이 4천 3백~4천 8백만 원이었으니, 20대 치곤 꽤 많은 연봉이었지만 회사 매출의 거의 전부를 나 혼자 만들었음에도 불구하고 그만큼 인정받지 못한다는 데서 회의감이 점점 커졌다. 나는 '가족 같은' 회사 따위 필요 없었다. 내 능력을 있는 그대로 인정받는 회사가 필요했다.

파는 물건이 바뀌어도
세일즈의 기본은 같다

'하는 만큼 버는 일을 하고 싶다.'

'월급쟁이 그만해야겠다.'

벨크리텍에서 3년째 일하던 내 머릿속에 맴돌던 생각이다. 열심히 노력하는 만큼 성과는 올렸지만, 나에게 오는 직접적인 보상이 없다 보니 다른 길을 꿈꾸게 됐다. IT 분야에서는 높은 매출의 프로젝트를 수주해도 인사고과나 승진에서 한 자릿수 정도의 연봉 인상이 포상의 전부였다. 내 노력에 대한 적절한 보상이 주어지지 않는다는 사실이 싫었다. 잘한 사람한테는 그에 맞는 금전적인 보상이 따르는 게 맞다고 생각한다. 세일즈 필드는 치열한 전쟁터이기 때문이다. 마침 30대라는 나이를 앞두고 있던 때라 미래에 대한 불안감이 따라왔고, 보다 확실한 미래를 꿈꾸고 싶었다.

'을' 중의 '을'의 경험에서 나온 자신감

그즈음 고객인 나이키 본사에 들어가 이런저런 이야기를 하던 중, 퇴사하고 나간 분이 수입차 딜러로 갔다는 말을 들었다. 하지만 성과를 못 올리고 있어 매우 후회하고 있다는 얘기였다. 나는 머릿속에 '번쩍' 불이 켜진 것 같았다. '수입차 딜러라….'

나이키에서 수입차 딜러로 갔다는 분은 고전하고 있다지만, 나라면 얘기가 다를 것 같았다. 왜냐고? 경험이 다르기 때문이다. 그 사람이 몸담고 있던 나이키라는 회사는 업계에서 울트라 갑의 위치에 있는 회사다. 줄곧 '갑' 노릇하다 세일즈를 시작하며 '을' 노릇을 하려니 얼마나 힘들었겠나.

업계의 상위권을 차지하는 대기업에 다니다 전직을 하거나 퇴직 후 새로운 일을 시작하는 많은 이들이 겪는 고충이 바로 그 부분이다. 갑의 위치에 있다가 을의 위치로 자리를 바꿔야 했을 때, 심리적 충격이 크게 다가오는 것이다. 솔직히 대기업이라는 '완장'을 떼면 그냥 일반인일 뿐인데, 완장이 벗겨지기까지 당사자는 그것을 인지하지 못한다. 거래처가 우호적으로 대하던 것이 결국은 그 회사라는 완장 때문인데, 자신에 대한 것이라 착각하고 살

다가 필드에 나와 맨몸으로 부딪쳤을 때 비로소 현실을 깨닫게 된다. 그래서 나온 다음에야 후회하는 것이다.

반면 나는 중소기업에서 영업을 해왔으니 줄곧 을의 위치에서 일했다. 그것도 젊은 여성 영업인으로 을 중의 을이라는 위치에서 '헝그리'하게 일해왔다. 그러다 보니 성과를 위해서 못 할 일도 없었다. 세일즈를 위해 빌딩 1층에서 꼭대기까지 돌며 일일이 명함을 돌렸고, 전단지를 돌리며 면전에서 박대도 수없이 받아봤다. 심지어 고객 집 앞에 가서 엄동설한에 하염없이 대기해본 경험도 있다.

그런 경험이 내 자산이었다. 나는 뭔가 성과를 낸다는 목표가 생기면 물불 안 가리고 해낼 자신이 있었다. 나는 언제나 '남의 돈 먹기가 쉬운가'라는 마인드로 고객을 대한다. 고객의 주머니에서 돈을 쓰게 하는 게 쉬운 일이 아니라는 걸 너무나 잘 알고 있기에, 새로운 업계에서도 잘 해낼 자신이 있었다.

몇 년간 영업직을 하며 세일즈의 기본은 똑같다는 것을 알게 됐다. 물론 품목이 바뀌면 그 품목에 관한 공부는 해야 하지만, 사람을 상대한다는 것, 사람과의 관계에서 모든 것이 결정된다는 점에서는 다를 게 없었다. 그래서 그동안 업종을 바꾸면서도 편안한 마음으로 이직할 수 있었다.

하는 만큼 버는 일을 시작하다

이직을 결심한 나는 수입차 업계의 문을 열심히 두드렸고, 엄청나게 높은 진입장벽 아래 실망하고 있었다. 그리고 아는 이름 하나의 연줄이 간절할 때, 예기치 않게 어렸을 적 친구의 도움 덕분에 BMW와 인연을 맺게 되었다. 어렵게 성사된 면접 후 바로 다음 날부터 일해보자고 제안받아, BMW 목동 바바리안모터스에서 수입차 딜러로 첫발을 내딛게 되었다. 2005년, 내 나이 서른한 살때였다.

너무나 오고 싶었던 수입차업계에 어렵게 취직하게 된 만큼 기대감을 안고 첫 출근을 했다. 그런데 막상 나를 맞는 회사의 선배, 동료는 냉랭하기 그지없었다. 그들의 눈빛은 '어딜 감히'라고 말하는 것 같았다. 여자가 자기들 동료로 왔다는 것 자체가 꼴 보기 싫었던 것 같다. 자기들끼리 술 마시러 가고 사우나에 가고 당구 치러 다니는데, 나는 도무지 낄 틈이 없었다. 심지어 잘하는 선배에게 상담 한번 데려가달라고 부탁했는데, 말도 없이 자기들끼리쏙 나가버렸다. 나는 맨날 사무실에 혼자 남겨졌다.

차 한 대를 팔기 위해 필요한 노력은 생각보다 어마어마했다. 자동차에 대한 이해, 금융에 대한 이해, 중고차 시장의 생리에 대한 이해, 차량 구매 과정의 여러 어려움 등등 익혀야 할 것들이 산더미였다. 책에 나와 있는 게 아니니 귀동냥해가며 체득해야 했는데 도움을 받을 사람도 없었다. 직장 동료들도 월급쟁이 때처럼 같은 월급쟁이로서의 동지애가 있는 것도 아니었다. 선배나 동기 모두가 경쟁자이니, 선뜻 도움을 주지도 않았다.

그럼에도 불구하고 새로운 분야에 발을 들인 나는 활활 타는 열정으로 열심히 배우려고 했다. 처음 접하는 분야인데 책자의 용어들까지 생소한 것 천지였으니 물어보는 수밖에 없었다. 지금처럼 유튜브로 좌르륵 정보들이 쏟아지던 시절도 아니었다.

"선배님, 인텔리전트 라이트 구동 원리가 어떻게 되죠?"
"선배님, 키드니 그릴은 어떻게 설명해야 해요?"

마구 물어보고 다니니 귀찮기도 했을 거다. 그런 상황에도 조금씩 가르쳐주는 분도 있었는데, 자신의 자산을 나눠준 것이니 대단한 도움을 준 셈이다. 지금 다시 생각해도 정말 감사한 일이다.

'월급은 마약'이란 말이 있다. 월급이 끊긴 다음 찾아오는 금단 증상을 느꼈다. 세상이 호락호락하지 않다는 걸 절감했다. 실적이 좋든 안 좋든, 월급날이 되면 따박따박 월급이 들어온다는 게 얼마나 소중했던가 싶었다. 역시 집 밖에서 떨어봐야 따뜻한 방 안의 고마움을 알게 되는가 보다. 물론 집 밖에 넓디넓은 '가능성의 땅'이 기다리고 있다는 것을 나는 머지않아 알게 됐고, 집 나오기를 정말 잘했다고 웃음 짓게 됐지만 말이다.

6개월 동안 울면서 다녔던 출퇴근길

"야, 컴퓨터! 이것 좀 고쳐봐."

BMW 초창기에 내 별명은 어이없게도 '컴퓨터'였다. 내가 컴퓨터학과를 나왔다고 컴퓨터에 조그만 문제만 생겨도 "야, 컴퓨터!" 하며 나를 불렀다. 복사기가 고장 나도 발로 복사기를 툭툭 차면서 "야, 컴퓨터! 이것 좀 고쳐봐" 하고 불렀다. 도대체 복사기가 내 전공이랑 무슨 상관? 그래도 나는 "네, 선배님" 하고 달려가서, 트레이를 끼웠다 뺐다 하고 전원을 껐다 켰다 하며 바로잡았다. 난들 복사기를 알겠나. 그냥 웬만한 전자제품은 껐다 켜면 다 되니까 그렇게 하면서 버틴 거지. 실적도 올려야 하니까 나름대로 연구해 고객을 찾아 나섰다. 인근에 있던 철재상가를 누비며 내 이름을 넣은 전단지를 돌렸다. 그랬더니 그게 또 트집 잡혔다.

"무슨 짓이야? 네가 국산차 파는 거야? 어디 격 떨어지게 전단지를 돌려!"

그들은 내가 '나댄다'고 생각했다. 자기들은 그렇게까지 팔 건 어붙이지는 않았는데, 내가 지독하게 노력하는 모습에 짜증났던 것 같다. 나름 자극도 받았을 텐데, 그런 사실 자체가 싫었던 것

035

같다. '이사'라는 타이틀을 달고 있는 지금도 나는 잘하는 신참들이 있으면 물어본다. "너 어쩜 이렇게 잘해? 어떻게 고객이 잘 찾아오니?" 그럼 그 친구는 진솔하게 자신의 노하우를 알려준다. 그렇게 해서 나는 또 하나의 방법을 배워 내 것으로 만든다. 그 시절 안타깝게도 나 같은 태도를 가진 선배는 없었다.

핍박 속에서도 꿋꿋하게 내 할 일을 했지만, 처음 6개월은 매일 울면서 다녔다. 너무 힘들었다.

"나 맨날 복사기만 고치고 있어. 내가 생각했던 업계가 아니야. 흑… 미치겠어."

속이 상해 친구나 전 직장 동료들과 퇴근 때마다 전화 통화를 하며 하소연도 하고 위로도 받았다. 그럴 때마다 전 직장 동료들은 다시 돌아오라고 이야기했다. 하지만, 이미 그건 말도 안 되는 일. 나는 이 난관을 뚫고 나가야 하는 걸 알았다.

나의 무기는 소프트 스킬이다

AI가 일자리를 대체하는 시대가 오고 있다. 그런 세상에서 경쟁력은 어디에서 찾아야 할까? 전문가들은 '소프트 스킬'에서 답을 찾으라고 말한다. 《돈의 심리학》의 저자 모건 하우절은 "지능 경쟁이 치열하고, 많은 능력이 자동화된 세상에서 경쟁 우위는 복잡한 소프트 스킬 쪽으로 기운다. 소통 능력, 공감 그리고 유연성 같은 것 말이다"라고 강조한다. 바로 이거다. 세일즈에서 중요한 것도 바로 이 소프트 스킬이다. 그리고 소프트 스킬은 내 강점이자 경쟁력이기도 하다. 그것을 나는 BMW에서 눈물로 6개월을 보낸 후 실감했다.

전시장에 차를 아주 잘 파는 선배가 있었다. 물론 그 사람도 나를 따돌리고 비아냥대는 사람 중에 한 명이었다. 하지만 난 그 사람의 노하우를 배우기 위해 눈칫밥을 먹으면서도 틈만 나면 주위를 얼쩡거렸다. 선배가 상담하고 있으면 괜히 그 옆에서 걸레질하며 귀를 쫑긋하고 들었다. 그리고 멘트 하나하나를 다 기억했다가 내 상담에 적용했다. 나도 그 사람처럼 한 달에 몇 대씩 차를 팔고 돈을 잘 벌고 싶었다. '언젠가 그런 날이 오겠지' 하는 희망으로 이를 악물었다.

그때까지만 해도 내가 아는 게 없으니 상담을 갈 때면 금융사 직원, 중고차 업자까지 대동해야 했다. 그래서 그 시점의 내 소원은 모든 분야를 통달해 나 혼자 온전하게 상담할 수 있는 스킬을 쌓는 것이었다. '내가 혼자 할 수 있는 그날만 와봐라!' 하면서 이를 갈며 공부했다.

그리고 6개월이 지난 후 드디어 혼자서 나선 첫 상담 날, 바들바들 떨며 고객을 만났다. 손바닥에 땀이 날 정도로 긴장하며 나갔지만, 막상 해보니 별것 아니었다. 전문적인 자동차 이야기는 별로 안 하고 편하게 이런저런 대화를 하며 순조롭게 계약이 성사됐지 뭔가. 아니, 이렇게 친해지는 건 내 주 종목이잖아! 내가 너무 잘 아는 분야고 그동안 잘해왔던 특기다. 한번 물꼬를 트니 입도 트이고 계약도 늘었다. 자신감을 얻고 나서부터 두려움은 사라지고, 하나씩 성과도 이루게 됐다. 물론 기본은 준비돼 있어야 하지만, 전문 분야의 지식은 자료를 뒤져 찾아보면 된다. 하지만 계약을 성사시키는 진짜 힘은 '소통 능력, 공감 그리고 유연성'에서 나온다는 것을 경험을 통해 알게 됐다.

그때 혼자서 처음 상담해서 계약을 성사해냈던 고객은 지금까지도 내 고객으로 남아, BMW와 벤츠까지 넘어오며 여러 대를 사주셨다. 첫 상담이라 어설픈 점도 있었겠지만, 그분이 나에게 마음을 열어주신 건 내가 그분의 질문과 관심에 진심으로 대응하며 '소통'했고, '공감'하며 필요한 것을 놓치지 않고 채워드린 덕분이다. 또 설움 속에서도 무너지지 않고 '유연'하게 방법을 찾아나간 덕분이 아닐까? 지금도 나는 내 첫 독립 상담 고객에게 흐뭇하게 고백한다.

"사장님이 제 첫 원맨쇼 상담 대상이셨어요. 제가 6개월 동안 혼자 상담하는 게 소원이었는데, 그때 처음 해본 거였어요. 저 그때 제법 잘했죠?"

나는 새로운 도전을 마주할 때마다

'할 수 있을 것 같아'라는 마음을 갖는다.

그리고 행동에 옮긴다.

차장에서 다시 대리로,
걸레질부터 시작하다

　요즘 도파민 중독에 대한 경고들이 많이 보인다. 성취감을 느끼면 우리 뇌에서 도파민이 분비되며 쾌감을 느끼게 하는데, 게임이나 짧은 영상에 빠져서 쉽게 얻는 쾌락에 중독되는 사람들이 늘고 있다는 경고다. 그런데 사실 '도파민 학습법'이라는 말이 있을 정도로 도파민은 긍정적인 효과를 가져오기도 한다. 공부를 해서 성적이 잘 나오고 칭찬을 받으면 도파민이 나와 기분이 좋아지고, 또다시 그런 즐거움을 얻기 위해서 다음 시험도 잘 보려고 노력하게 된다는 원리다. 나는 세일즈를 통해 얻는 성취에서 희열을 느끼며 서서히 '중독'되어간 것 같다.

처음 반년은 눈물을 흘리며 다녔지만, 곧 내 페이스를 찾으며 입사 첫해에 세후 6천 8백만 원을 벌었다. 그때 확실히 자신감이 붙었다. 한번 흐름을 타니 BMW 목동전시장에서 나는 금세 두각을 나타냈고 줄곧 성과를 높여갔다. 그러다 더 큰 성취감을 맛보고 싶어서 고객을 더 많이 만날 수 있는 BMW 한독모터스 서초 전시장으로 옮기게 됐다.

강남 한복판에 개인 광고판을 내걸다

수입차 고객은 아무래도 강남권에 많았기에 수입차 딜러들은 누구나 강남권 전시장을 선망한다. 첫째를 출산한 직후 나에게도 기회가 왔다. 아이를 낳으며 한 달의 출산휴가를 가졌다. 산업체 고등학교를 다니느라 고1 때부터 직장 생활을 했는데, 내가 일을 시작한 후 처음으로 한 달이라는 시간을 쉬어봤다. 그동안 몇 차례 직장을 옮겼지만, 이직할 때도 항상 퇴직 직후 출근하는 형식을 취했기 때문에 긴 시간 쉬었던 적이 없었다.

출산휴가가 끝날 무렵 아이를 언니한테 맡겨둔 채 BMW 서초 전시장에 면접을 보러 갔다. 면접을 보러 갔던 날이 지금도 생생하다. 온종일 말도 안 통하는 아이와 씨름하며 한 달을 보내다, 전투복이나 다름없는 정장을 차려입고 밖에 나오니 날아갈 것 같았다. 면접 때도 그저 신이 났다. 당시 면접을 본 본부장님은 내일부터 출근하라고 했고, 출산 한 달 만에 새 직장에서 근무를 시작했다.

설레는 출근길이었던 만큼 잘하고 싶었다. 차를 잘 팔고 싶었다. 목동전시장에서 처음 시작할 때처럼 이런저런 신규 소구 활동을 곧바로 시작했다. 전화를 돌리며 고객을 찾아 나섰다. 동시에 서초구 일대 도로변에 족자 타입의 현수막도 걸었고, 구청에서 허가받은 거치 형태의 현수막도 신청해서 거치했다. 아파트 우편함에 전단지 봉투를 넣고, 게시판에 전단지를 붙이는 활동도 부지런히 했다.

그렇게 바쁘게 하루하루를 보내던 중 출퇴근길에 지나치게 되는 서울성모병원 사거리에서 신호에 걸렸을 때였다. 차 막히는 도로에서 나도 모르게 네거리 한복판에 놓인 전광판 광고를 무심코 읽고 있지 뭔가. 서초구에서 운영하는 커다란 전광판이었다. '저거네!' 나는 바로 서초구청에 전화 문의를 했고, 기억이 가물가물하긴 하지만, 일주일에 80만 원 정도의 비용을 과감히 투자해 내 이름을 실은 광고를 냈다. 신호 대기 중인 예비 고객들이 많이 봐주기를 바랐다. 실제로 그 광고판을 보고 문의하는 연락이 많았고, 출고로 이어지기도 했다.

"윤미애 씨, 회장님이 찾으시네."

그때까지만 해도 내 이름도 모르던 회사 회장님까지 이동 중에 광고를 보시고는 바로 나를 부르셨다. 지금은 전시장별로, 또 회사 단위로 대형 광고판 광고를 많이 하지만, 당시로는 획기적인 광고였다. 회장님은 개인이 저렇게까지 광고를 했다는 데 놀라셨고, 도대체 누구인지 보려고 나를 찾으셨다고 했다. 기분 좋게 칭찬해주신 회장님은 이후로 소개도 여러 건 해주셨다.

오후에 간식타임을 가질 때 보통 전시장 내 선배 딜러들이 샀는데, 그렇게 회장님의 총애를 받게 된 나는 회장님 방에 가서 회장님께 카드를 요청해 받아오기도 했다. 나는 그 회장님뿐 아니라 높은 지위의 연장자들을 편하게 대하는데, 그런 경우 거절하는 분은 단 한 분도 없었던 것 같다.

지금도 해외에 연장자들과 동반 여행을 가게 되면 나는 꼭 윗분들과 함께하며 이야기도 많이 나누는 편이다. 나는 사람들이 불편해하고 자리를 피하고 싶어 하는 상대인 높으신 분, 어려우신 분, 까다로우신 분들이 너무나 편안하다. '어떻게 그럴 수 있지?' 생각해보니, 나의 오랜 세일즈 경험 덕분이지 싶다. 나의 주 고객인 대표님, 사장님, 회장님 들과 대화하다 보면 그분들의 고민과 외로움도 알게 된다. 까다로운 분들도 많지만 마음을 헤아려가며 대화를 나누다 보면, 그분들도 마음을 열고 편하게 대해주신다. 모든 건 사람과 사람 사이의 일이니 공감의 자세만 갖추고 있다면 어려울 것 없다.

뱀의 머리보다 용의 꼬리가 된다

BMW 한독모터스 서초전시장에서도 나는 차를 많이 팔았고, 차장까지 올라갔다. 회사도 좋았고, 인정도 받고 있어서 만족했다. 강남에 있는 메인 딜러십인 BMW 코오롱모터스와 우리 전시장이 비슷하게 시장점유율을 올릴 때였다. 그러나 누구나 목표는 최정상 아닌가. 당시 BMW 영업사원들 대부분은 내방객이 가장 많다는 BMW 강남전시장에 가고 싶어 했고, 나 역시 그랬다. BMW 코리아에서 딜러십 간 이직을 금지하고 있을 때였다(지금은 어떤지 잘 모르겠다). 한번 시작한 일, 정점을 찍고 싶었던 나는 수입차 딜러에게 최정상 코스로 불리는 매장에서 승부를 보고 싶다는 야망이 있었다. 그러다 보니 방법은 브랜드를 바꾸는 것뿐이었다. 그래서 목표로 정한 곳이 지금 내가 몸담고 있는 메르세데스-벤츠 공식 딜러 한성자동차의 강남전시장이었다.

메르세데스-벤츠 한성자동차 강남전시장은 당시 '바퀴 달린 것을 영업하는 사람들에게 로망의 전시장'이었다. 전국 판매 1위 전시장이었고, 내방객도 많았다. 자기 발로 걸어 들어와 차를 사겠다는 손님이 제일 많은 곳이니, 영업사원들에게는 꿈의 매장이었다. BMW 목동전시장에서 일할 때는 50대만 팔아도 잘 판다고 칭찬받았는데, 메르세데스-벤츠 강남전시장에서는 기본 70~80대는 판다고 하니, 더 욕심났다. 나는 뱀의 머리보다는 용의 꼬리가 되어 날아보고 싶었다. 하지만 그만큼 인기 많은 곳이라 자리가 나지 않았다. 가고 싶어도 갈 수 없는 곳이었다. 그럴수록 나는 더 간절해졌다.

마침 BMW 서초전시장에서 모셨던 분이 벤츠로 이직하셨고, 그분이 메르세데스-벤츠 한성자동차 강남전시장 출신이었다. 그분은 한성자동차가 아닌 다른 딜러십 수장으로 있었기 때문에 당신이 있는 곳에 나를 부르고 싶어 했지만, 나는 정중히 거절하며 정말 강남에 가고 싶으니 꼭 도와달라고 간곡히 부탁드렸다. 그리고 어느 날 연락이 왔다. 그쪽에 신규팀이 생기면서 자리가 났다는 것이었다. 그런데 문제는 나보다 먼저 들어온 선배가 타 브랜드의 지점장까지 하던 분이었는데, 과장으로 먼저 입사한 것이다. 그러니 내가 그곳에 합류하려면 과장 아래의 직급을 택해야만 했다.

"너, 대리로 와야 하는데, 그래도 괜찮겠어?"
"그럼요!"

나는 대리든 사원이든 직급이 중요하지 않았다. 무조건 이 회사에 들어오는 것이 목표였다. 그래서 차장까지 달았던 내가 대리로 강등되며 벤츠 영업을 시작했다. 면접을 볼 때도 당시 팀장님이 대놓고 물었다.

"BMW에서도 차를 잘 파는데, 왜 여기에 오려고 하나? 거기서

나 먹고살지 왜 여기까지 와서 우리한테 피해를 주려고 그래? 왜 우리랑 나눠 먹으려는 거냐고. 기가 엄청 세게 생겼네. 남자들 다 잡아먹겠어."

믿기 어렵겠지만, 실제로 내가 들은 말이다. 속으로 '와, 면접을 보는데 저런 말을 한다고?' 하는 생각이 들며 머리칼이 쭈뼛 섰다. 지금으로 치면 인권위에 회부될 정도로 모욕적인 발언까지 했다. 그럼에도 나는 생글생글 웃으면서 대답했다.

"그래도 전 잘할 수 있습니다!"

일종의 압박 면접으로 나를 자극했다. 당시 여자 딜러도 별로 없었을뿐더러 젊은 애가 와서 생글생글 웃어가면서 잘해보겠다고 하니까, 어디까지 가는지 보려고 나를 압박해봤던 거 같다. 어금 니를 꾹 깨물며 40분가량의 면접을 마쳤다. 나올 때 그 팀장이 경 고하듯 한마디 했다.

"윤미애 씨가 여기 오고 싶어 하는 만큼, 우리도 윤미애 씨를 많 이 알아볼 겁니다. 이제 가보세요."

돌아 나오는데 모멸감이 느껴졌다. 면접 볼 때는 웃으면서 대응

했지만 나오면서 정말 화가 많이 나고 울화통이 치밀었다. 씩씩대면서 차를 타고 이동하는데, 첫 신호 대기 때 전화벨이 울렸다. 02로 시작하는 일반전화였는데 모르는 번호였다. 받았더니 메르세데스 벤츠 한성자동차 인사팀이었다.

"윤미애 씨, 합격하셨으니 서류 준비해주세요."

합격 소식과 함께 구비 서류와 본사 면접 일정을 안내하는 전화였다. 그렇게 서슬 퍼렇게 압박하며 벼랑 끝으로 밀더니, 바로 합격 전화를 준 것이다. 서늘한 냉탕 끝에 온탕에 뛰어들 듯 나는 신나게 새로운 도전을 준비했다.

최단기에 '1,000대 벤츠 세일즈 클럽'에 입성하다

"차장님, 지금 거기서 뭐 하시는 거예요? 걸레질하고 계시는 거 차장님 맞죠?"

벤츠에 들어와서 나는 신입이 되어 다시 걸레질부터 시작하게 됐다. 지금도 그렇지만 전시장에 출근하면 그날 당직팀에서 차량을 닦고 하루를 시작한다. BMW에 있을 때는 이른바 '짬밥'이 되니 적당히 빠지고 후배들이 주로 했었지만, 다시 신입사원이 되었으니 성실히 수행할 수밖에. 그것을 건너편 BMW 매장에 있던 사람들도 보게 됐을 테고, BMW를 그만두고 한성자동차 강남전시

048

장에 온 윤미애가 신입사원처럼 차나 닦고 있다는 얘기를 전해들은 BMW코리아 매니저가 전화한 것이다.

"아직 늦지 않았으니까 강남이 목적이었으면 BMW 강남전시장으로 와요. 그게 뭐야. 왜 재능을 낭비해!"

하지만 난 상관없었다. 일단 내가 목표로 한 곳에 오게 된 것 아닌가. 개구리가 더 높이뛰기 위해 몸을 움츠리듯, 도약을 위한 준비 기간이라고 생각했다. 나는 매일 아침 차량 관련 정보를 중얼중얼 외우며 업데이트하면서 차량을 닦았고, 조회가 끝나면 선배들한테 인성교육이랍시고 훈수를 들어야 했다. 그래도 시키는 건 다 했다. 오기가 생겼다. 모욕적인 압박 면접까지 보면서 들어온 이곳에서 보란 듯이 나를 증명해 보이고 싶었다.

양양에 차 한잔하러 가겠습니다

어렵게 들어온 강남전시장에서 이곳의 강점을 최대한 이용하기 위해 나는 빨리 당직 근무를 서고 싶었다. 당직 근무를 서야 매장에 오는 손님을 받아 상담할 수 있기 때문이다. 그런데 거기에는 조건이 있었다. 3개월 이내에 3대를 출고해야 수습 해제가 되어 당직을 설 수 있는 자격이 주어졌다. 어떻게든 빨리 투입돼서 이놈의 콧대 높은 전시장이 얼마나 대단한 곳인지 느껴보고 싶었다.

2011년 1월 17일이 첫 출근일이었다. 출근일을 받아두고 전 직장에서 남은 연차를 이용해 일주일간 휴가가 생겼는데 나는 그때부터 일을 시작했다. 집에서 노트북을 켜고 BMW에서 만난 기존 고객들을 대상으로 천 통 가까이 전화하며 이직 인사를 했다. 그 중 BMW X5를 출고해주셨던 고객이 양양에 있는 전원주택에 거주 중이었는데, 벤츠 E클래스에 관심 있어 하셨다. 바로 산다는 건 아니었지만, 미국에 계실 때는 벤츠만 탔었다며 요즘 차가 어떤지 물어보셨다. 어찌나 반갑던지! 다음 날 회사에 첫 출근한 나는 고객님께 다시 전화를 드렸다.

"사장님, 저 차 마시러 갈게요. 차 한잔만 주세요."
"엥? 무슨 차를 강남에서 양양까지 마시러 와요?"
"그냥 그 동네 마실 가는 김에 들릴게요. 저 떠나요."

나는 웃으며 전화를 끊고 카탈로그를 챙겼다. 그래도 양양까지 가는데 그냥 올 수는 없는 것 아닌가. 선배한테 계약서 한 장만 달라고 조심스럽게 부탁했다. 그러자 정말 너무나 무섭게 위아래로 나를 쳐다보더니, 호통을 치는 게 아닌가.

"지금 당신이 나한테 계약서 받을 짬입니까?"

텃새가 보통이 아니라는 얘기를 들었는데, 바로 이런 거였나 보다.

"죄송합니다. 제가 와서 정리하겠습니다. 그런데 아직 제가 계약서가 없어서…."

그렇게 사정사정해서 겨우 한 장을 받아 들고 강원도로 출발했다. 양양에 도착하니 사장님과 사모님이 너무나 반갑게 맞아주셨다. 전원주택 꾸며놓은 것도 보여주시고, 양양 시내 구경도 시켜주시고 밥도 사주셨다. 그렇게 웃으며 오랜만에 여러 이야기를 나눴다. 차 얘기는 얼마 안 했다. 그리고 계약서를 받아서 돌아왔다. 1억 원이 넘는 E350을 내 첫 차로 팔았다. 지금도 만나면 무슨 차를 거기까지 마시러 오냐며 웃으시는 사장님은 이후에 2대나 더 팔아주셨다. 너무나 감사한 분이다.

두 번째 출고차는 타 딜러에서 엄청난 할인 금액을 받아서 계약하기 직전인 고객이었다. 전화를 돌리던 중 소개받은 분이었는데 통화 도중에 다짜고짜 찾아뵙겠다고 했다. 인테리어 공사 업체를 운영하고 있던 그 고객은 판교 공사 현장에 있다고 하셨고, 나는 공사장으로 찾아뵈었다. 우리 차의 조건이 더 좋지도 않았지만, 첫 출근이고 고객관리 잘하는 직원이니 믿어달라고 감정으로 호소하며 간절하게 상담했다. 감사하게도 그분은 계약해주셨다.

"금액은 차이 나지만, 윤미애 씨 끈기, 열정이 멋있어서 저 계약합니다. 앞으로 잘해주세요."

세 번째 손님도 기존 고객의 소개로 알게 된 대기업에 다니는 여성분이었는데, 꼼꼼하게 타 딜러십과 비교를 많이 하고 나서, 돌아돌아 나한테 계약하셨다. 그때는 프로모션이 얼마인지, 조건이 어떤지 모르는 상태에서 그냥 '묻지마 조건'으로 그분의 조건에 무조건 맞추겠다고 했고 그렇게 해드렸다. 무조건 출고가 우선이었기에 나는 소중한 인연을 하나라도 더 만들기 위해 마이너스까지 염두에 두고 출고를 했다. 그렇게 해서 나는 3개월이 아니라 보름 만에 3대를 다 팔고 수습 해제하고 당직의 조건을 채웠다.

압도적으로 이기면 텃세는 사라진다

당직 조건을 신속하게 채우고 나서, 나는 거침없이 전진했다. 당시 우리 전시장에서 판매 1등을 하는 분이 70여 대를 팔았는데, 나는 첫해에 63대를 팔았다. 대리로 입사했지만, 그 당시는 특진이 있을 때라 한 해에 2단계씩 올라서 다음 해에 바로 과장으로 승진했다. 그리고 그다음 해에 차장으로 승진했고, 팀장까지 최단기로 승진했다.

기존 선배들은 근무 연수가 나보다 상당히 오래된 분들이었다. 모든 영업이 그렇지만 한 자리에서 오래 하면 할수록 손님이 쌓이니, 오래 일한 사람들이 꾸준히 판매고를 올린다. 그런 선배들을 따라가려니 무척 힘들었다. 그런데 그들 사이에서 일하며 나는 왜 사람들이 큰물에서 놀라고 하는지 알게 됐다. 큰물에서는 지속적으로 동기부여가 된다. 잘하는 사람들 옆에 있으니 나도 더 잘하고 싶었다. 실력 있는 사람들이 많으니 좋은 선배한테 배울 것도 많았다. 또 질투하는 동료들의 텃세를 이겨내야 하니 압도적으로 잘하고 싶어 더 노력하게 됐다. 어쭙잖은 성취로 인정받을 수 있는 곳이 아니었다.

그렇게 추진력을 얻고 열심히 달려서 단기간에 5백 대 클럽, 1천 대 클럽도 달성했고, 임원도 달았다. 많은 기록을 세웠다. 메르세데스-벤츠 한성자동차 내 최단기 팀장, 최단기 5백 대 클럽 입성, 최단기 1천 대 클럽 입성, 최단기 임원의 기록도 내가 세웠고, 아직 깨지지 않았다.

세일즈에서는 잘 파는 게 '깡패'다. 빠르게 잘 팔다 보니 3개월이 되기도 전에 아침 조회 후 늘어지던 선배의 훈수는 안 들어도 됐다. 어느 조직에서든 나이나 경력을 앞세워 군기를 잡으려는 사람이 있고, 구태의연하게 서열을 정리하려는 사람들도 있다. 또 빠르게 성장하는 사람의 뒤에는 시기나 질투의 말들도 따른다. 그럴 때는 싸움이나 해명도 부질없다. 가장 좋은 처방은 성과로 보여주는 거다. 잔인한 말이지만, 압도적인 성과로 눌러야 한다. 내가 택한 방법이다.

　어느 정도의 성과를 올리고부터는 비서를 쓸 수도 있었다. 비서 채용의 기준도 회사 내규상 성과 기준에 부합되어야 하는데, 물론 나는 그 조건을 충분히 갖췄던 것이다. 비서는 회사 소속이 아니라 순전히 내 개인 비서였기 때문에 내 급여에서 차감이 되고 내가 차를 팔 때 서포트하는 일만 담당한다.

　한동안은 고객을 더 찾아 나서기 위해 비서하고 천안부터 시작해 지방 아파트 중에 집값이 높은 곳을 돌며 명함을 꽂았고, 압구정동의 아파트들 게시판에 전단지도 붙여놓았으며, 의사협회, 학교 동문 수첩 등 고객을 통해 구할 수 있는 명단들을 구해서 우편물 DM을 보냈다. 그 당시는 개인정보 보호법이 지금 같지는 않을 때라 가능했다. 지금은 문자를 보내도 광고 수신 거부 신청 등을 모두 표시해 보내야 한다.

　당직 근무도 열심히 서고, 그냥 구경만 하고 카탈로그를 받아가는 손님 한 분 한 분까지 최선을 다해 상담했다. 내가 판매한 차량이 아니었음에도 그 차량 서비스 예약을 해드리고, 타이어 교환 업체를 안내하고, 중고차 정리 등 사후 관리도 해드리며 할 수 있는 모든 서비스를 제공했다.

　진인사대천명, 열심히 하면 통한다. 당직 근무로 하루에 5대까지 계약한 날도 있었다. 물론 모든 일은 진행형이다. 세일즈의 세계는 정확하지만, 그만큼 냉혹하다. 그동안 내가 쌓은 업적도 이

번 연도에 지키지 못하면 다시 나는 저 아래로 내려간다. 기준을 계속 유지하지 못하면 임원직도 유지할 수 없다. 그래서 나름의 화려한 트로피가 된 많은 성과를 두고도 나는 오늘도 열심히 내일을 한다. 전화를 돌리고 연락을 받고 캘린더를 체크하며 고객을 생각한다.

매일 1억 원 매출을
올리는 사람의 영업 비밀

2011년 1월 입사

2011년 출고 60여 대 (당시 1등 하던 영업사원이 70여 대를 팔 때다.)

2012년 출고 40여 대 (둘째 출산 해다.)

2013년 출고 80여 대

2014년 계약 100여 대, 출고 110여 대 (이때까지는 전산 카운트가

제대로 안 되어 계약 대수 확인이 어렵다.)

2015년 계약 180여 대, 출고 140여 대

2016년 계약 220여 대, 출고 150여 대

2017년 계약 250여 대, 출고 150여 대

2018년 계약 270여 대, 출고 150여 대

2019년 계약 250여 대, 출고 150여 대

2020년 계약 350여 대, 출고 170여 대

2021년 계약 400여 대, 출고 170여 대

2022년 계약 390여 대, 출고 160여 대

(*회사 내 개인정보이기에 정확히 숫자 표기를 하지 못한 점 양해 바랍니다.)

메르세데스-벤츠 한성자동차 강남전시장에 입사한 2011년부터의 내 성과를 정리해보니, 마치 A매치 축구선수들의 기록표를 보는 것 같기도 하다. 세일즈라는 분야는 이처럼 한눈에 내 실적과 성과가 드러나는 일이다. 그래서 더 보람 있고, 긴장도 된다. 성과가 분명하니 매년 목표를 분명히 세울 수 있어 그 목표를 달성하기 위해 분투하게 된다.

2020년부터 숫자가 훌쩍 뛴다. 2020년 나는 350여 대를 계약해 170여 대를 출고했고, 2021년에는 400여 대를 계약해 170여 대를 출고했다. 하루에 1대 이상을 계약한 셈이다. 내가 가장 많이 팔았던 기간이다. 특히 2020년도부터 판매가 늘어난 것은 신차 발표 효과로 대기 계약이 많았기 때문이고, 이후 모델별 출시로 이어져 절대 판매량이 늘어났다. 그 이후는 코로나19로 인해 차량 판매량이 줄어든 형국이다.

벤츠는 계약과 출고를 별도로 계산한다. 없는 차량을 대기하는 것이 계약이고, 그 차에 실제 번호판 달고 출고하는 것을 출고라고 부르고 실적으로 잡는 개념이다. 내가 달성한 연 매출액이 160억 원에서 220억 원이다. 대당 평균 매출액을 8천만 원에서 1억 원이라고 보니, 이틀에 한 대꼴로 출고해 1억 원의 매출을 올린 것이다. 트로피와도 같은 이 기록들이 나오기까지 나는 정말 지독하게 일해왔다.

고객이 찾을 때는 언제나 대기 중이다

첫딸에 이어 둘째인 아들을 임신한 것이 2012년이다. 2012년 말은 2013년식 S클래스가 나오는 시점이었다. 신차가 발표되면 직후부터 구매 문의가 많아지기 때문에 S클래스가 시장에 나오기 전에 출산할 수 있도록 계획을 세웠다. 한창 차를 많이 팔아야 할 연말에 배가 불러 있거나 출산휴가에 들어가 있을 수 없으니, 출산예정일을 9월로 잡았다. 그래서 우리 둘째가 2012년 9월생이고 별명이 'S클래스'였다.

임신했을 때 나는 배가 유난히 컸다. 큰애 때도 컸지만 둘째 때도 진짜 컸다. 그 배를 하고 출산 당일까지 일했다. 불룩한 배에 벨트를 매고 운전도 직접 했고, 전문점에서 정장 임부복을 맞춰 입고 여느 때와 다름없이 상담하고 차를 팔았다. 출산예정일 3일

전부터 휴가는 들어갔지만, 출산예정일 바로 전날 차를 출고하기로 한 고객이 있었다. 그런데 그분이 차를 안 받겠다고 인도 거부를 했다. 당시 E클래스 차량의 범퍼가 특수재질로 바뀌면서 차량 본체와 약간의 이색이 있을 때였다. 모든 차량이 그랬는데, 고객은 납득이 안 된다고 했다. 우리한테는 '인도 거부' 사태가 가장 큰 사고다. 번호판까지 달았는데 차를 안 받겠다고 하면 어떡하나. 그때는 취소도 불가능해 무조건 출고해야만 한다.

아무리 출산 전날이었다 해도 나는 차량 인도 거부가 더 신경 쓰였다. 고객에게 다음 날 출고를 내가 직접 하겠다고 한 번 더 내방을 요청드렸다. 그리고 출고장에서 만나기로 약속을 잡았다. 출산예정일 당일이었다. 아이 낳으러 병원에 갈 준비까지 다 해서 약속 시간인 1시에 맞춰 출고장에 도착하니 12시 반. 나는 차의 시트를 완전히 뒤로 젖히고 누워 고객을 기다렸다. 고객은 딱 1시에 맞춰 오셨다. 시트를 올려 몸을 일으키자 내 배를 본 그분 눈이 휘둥그레졌다. 나는 고객을 모시고 출고장의 다른 차들을 보여드렸다.

"고객님, 보세요. 색깔이 다른 차들하고 다 똑같아요."

나는 동일한 종의 다른 차량을 보여드리며 우리 차에 전혀 문제가 없음을 확인시켰다. 차들을 일일이 비교해 보여드렸다. 남산만

한 배를 안고 출고장을 누비고 다니니 고객은 어찌할 바를 몰라 하는 눈치였다. 잠시 후 빨리 애 낳으러 들어가라고 떠밀었다.

"네. 알겠으니 이제 얼른 병원에 가세요."
"인도하시는 거죠? 그럼, 여기 사인해주세요."

그렇게 사인을 받고 출고 인사까지 다 마치고 고객과 헤어졌다. 그리고 남편한테 전화했다.

"오빠, 빨리 밥 시켜."

무통 주사 놓을 마취 선생님을 전화 예약해놓고, 같이 온 남편을 앞에 두고 삼겹살 3인분을 시켜 먹고 병원에 가서 아이를 낳았다. 오후 3시 23분, 사랑하는 둘째가 태어났다. 회사 단톡방에 출산 소식이 전해지자 직원들이 화들짝 놀랐다고 한다. 아침에 출근해서 분명히 나를 봤는데 몇 시간 후에 득남했다고 사진이 올라온 게 충격적이었다는 것이다. 뭘 놀라고들 그러나. 그 순간에도 나는 병원 침대에 누워 휴대폰 캘린더를 보며 고객의 스케줄을 체크하고 있었는걸.

고객에게 가장 먼저 생각나는 사람이 된다

친한 고객들은 언제든 전화를 받고, 또 통화 중이라 못 받을 때도 종료 후 반드시 콜백callback을 하는 나에게 이렇게 묻는다.

"그렇게 바빠서 어떡해요. 밥은 먹었어요?"
"도대체 언제 쉬는 거예요?"

그런 질문을 받을 때마다 나는 이렇게 너스레를 떤다.

"365일 중에 360일 일합니다."

차는 집 다음으로 큰 자산이기에 가족이 함께 나와 차를 보는 경우가 잦다. 그러다 보니 주말에 다 같이 전시장을 찾는 고객들도 많다. 주말이라도 고객이 방문한다면 항상 나는 "출근합니다" 하고 맞이한다. 주말 이틀을 연달아 쉬는 건 1년에 한두 번 될까 말까. 그래도 요즘은 이틀 중에 하루는 쉬어보려고 웬만하면 토요일이나 일요일 중 하루에 몰아서 상담하려고 애쓰고 있긴 하다.

어느 일요일 고객 전화를 받았더니 "쉬는 날 죄송해요"라고 미안해하며 차량 문의를 하셨다. 나는 언제든 통화되니 염려 마시라고 하며 답변을 마쳤다. 그분은 내게 도대체 언제 쉬느냐고 물었고, 나는 늘 그렇듯 365일 중 360일을 일한다고 대답했다. 그랬더니 그분이 안쓰러워하며 말했다.

"정말 소처럼 일하시네요."

그제야 내가 쉬지 않고 일하는구나, 느꼈다. 내 방식을 모두에게 권하지는 않는다. '워라밸'이 중요한 사람들도 많고, 노동법규에 따라 정해진 시간 외에 일을 강요받는 것이 부당하다는 데 동의한다. 밤이고 주말이고 쏟아지는 연락 때문에 고통받는 직장인들이 많다는 것도 알고, 지켜야 할 선은 지켜야 한다고 믿는다. 그렇지만 세일즈맨이라면 이야기가 조금 달라진다.

"어떻게 하면 이사님처럼 될 수 있어요?", "어떻게 하면 그렇게 많이 팔 수 있나요?" 하고 묻는 사람들이 있다. 내가 일하는 방식이 바로 그 질문에 대한 답이다. 남들보다 더 높이 올라가고 싶다면, 남들과 조금 다른 기준으로 살아야 하지 않을까? 나는 영업을 하는 사람이 '9 to 6' 원칙을 정하고 그 시간 외에는 전화 통화가 안 되는 건 곤란하다고 생각한다.

어떤 고객에게 주말에 전화가 왔다. 이분은 나한테 차를 산 고객도 아니었다. 내가 상담한 적이 있어서 이후 줄곧 문자를 보냈던 분인데, 정작 차는 동네에 있는 딜러숍에서 사셨다고 했다. "네,

고객님. 기억하죠. OO 관심 있으셔서 문의하셨잖아요." 나는 그분의 전화번호와 함께 기록해둔 메모를 보고 당시 상담 내용을 기억해냈다.

그분은 차에 대해 다급히 물어볼 게 있어 자신이 차를 구매한 담당 직원에게 전화했더니 답 문자가 이렇게 왔더란다. '주말이라 통화가 안 되니 월요일에 연락드리겠습니다.' 하지만 급한 마음에 줄곧 문자를 보내주던 내 번호로 전화를 했다는 것이다.

"이사님은 주말에 전화를 받으시네요?"
"그럼요. 저 전화 잘 받죠. 365일 통화됩니다."

그분은 다음 차를 나에게 사셨다. 영업사원이 주말에는 전화를 못 받는다는 문자를 하는 것을 보고 '이 사람은 차를 팔 생각이 없구나'라고 생각했다고 한다. 그런데 자기 딜러도 아닌 내가 주말임에도 전화를 한 번에 딱 받는 것을 보고는 바로 나를 찾게 됐다고 하셨다.

사고가 나거나 갑작스럽게 차에 문제가 생겼다며 고객이 전화해오는 경우는 수없이 많다. 그때 제일 빠르게 생각나는 사람이 나니까 전화를 하는 것이다. 앞에서 얘기한 분처럼 다른 딜러에게 차를 샀던 분이나, 차를 산 지 한참 된 고객의 전화도 받는다. 그럴 때면 '다른 사람한테 샀으면서 왜 전화는 나한테 해?'라고 생각할 수도 있고, '서비스센터에 연락하면 되는데 왜 나한테 해?'라고 생각할 수도 있다. 그러나 나는 단 한 번도 그런 생각을 가져본 적 없다. 이분이 지금 나한테 전화했다는 사실이 무엇보다 중요할 뿐이다.

나도 통화가 어려울 때 답신하는 문자를 몇 종류 지정해놓고 전송하지만, '주말이라, 근무 시간이 아니라 답할 수 없다'는 문구는 생각도 해본 적 없다. 어떤 상황이든 나를 찾아준 고객은 고마운 사람이다. 수많은 선택지 중 나를 찾아줬다는 것을 고맙게 받아들이게 될 때, 이것을 진심으로 느끼게 될 때 일을 대하는 태도는 180도 달라질 것이다.

우리는 누구나 '평판'이라는
꼬리표를 달고 다닌다.
사람들 기억에 남아 해시태그처럼
내 이름 뒤에 따라오는 무엇,
그것을 어떻게 만들 것인가.

2장

세일즈에서 배운

일을 초고속으로 키운

7가지 태도

1.　　　　　　언제든 연락 가능한
　　　　　　　　　　사람이 된다

한밤중 벨 소리에 잠이 깨 휴대폰을 보니 고객의 이름이 떠 있었다.

"○○ 사모님, 무슨 일이세요?"

응답하며 확인한 그때 시각은 새벽 2시 30분.

"이사님, 안 주무셨어요? 바로 받으시네요. 어떡해요. 우리 아들이 고속도로에서 사고가 났어요."

나에게 벤츠를 구매한 고객이었는데, 이분의 아들이 경부고속도로에서 사고가 났다는 것이다. 이분 아들의 차는 벤츠가 아닌 폭스바겐사 차량으로, 나와는 무관한 상황이었다. 고객은 보험사와 통화도 했지만 사고 차량을 어떻게 해야 할지 모르겠고 경황도 없어 나한테 전화했다고 한다. 나는 곧바로 운전자 안전 확인부터 먼저 하고 차량 상태와 정황 얘기를 다 들은 뒤, 렌터카를 섭외해서 사고 현장에 보냈다. 그리고 사고 차량을 수리업체에 입고시키고, 보험 접수번호 등 일련의 처리 사항을 말해주며 문제를 해결해드렸다.

이 고객은 그 새벽에 내가 제일 먼저 생각났다며, 전화를 받아줘서 너무 고맙다고 지금까지도 말씀하신다. 곤경에 처했을 때 먼저 떠올리게 된다는 건 그만큼 의지하고 싶은 사람이라는 것 아닐까? 그 말에 나는 가슴이 뭉클했다. 그분은 이후 나에게 차량을 재구매하셨을 뿐 아니라, 지인들에게도 여러 차례 소개해주셨다.

보스 전화 3초 컷

퇴근 후 욕실에 들어가 씻고 나오고 있었다. 저녁 9시가 넘은 시간이었는데, 전화벨이 울렸다. 빨리 가서 받았더니 A지점장의 전화였다. "네, 지점장님~" 하고 답하니 수화기 너머로 호탕한 웃음소리들이 들렸다.

"아, 이사님 대박! 이사님, 고마워요!"

그러곤 바로 전화를 끊어버리는 게 아닌가. 다음 날 만나 어제 어떻게 된 거냐고 물었더니 전무님과 몇몇 전시장 지점장들의 저녁 식사 자리가 있었는데, 어쩌다 내 얘기가 나왔다고 한다.

"윤미애 이사는 어떻게 그렇게 차를 잘 파는 겁니까?"

다른 지점장의 질문에 전무님이 이렇게 답하셨단다.

"윤 이사는 전화를 정말 잘 받지. 3초면 받아요."

마침 네 명이 한 차에 타고 이동 중이었는데, 한번 테스트해보기로 했다는 것이다. 전무님이 전화하면 전무님 전화라 받을 수 있으니 보다 편한 사이인 A지점장의 전화로 한 거란다. 그런데 내가 여지없이 3초 만에 "네, 지점장님~"하고 받으니 차 안에서 환호성이 터졌다는 것이다. 전무님은 당신 체면 제대로 세워줬다고 고맙다는 얘기도 전하셨다.

나는 그렇게 전화를 잘 받는다. 아니, 집착한다. 코로나19 이후로 잘 안 다니지만, 전에는 대중목욕탕에 가서 세신 하는 걸 즐겼다. 긴 시간도 아니고 고작 20~30분의 휴식이지만 그동안에도 전화가 올까 봐 불안해서 잠금 두 줄의 지퍼팩에 휴대폰을 넣고 목욕탕에 들어갔다. 탕 안에서 통화는 못 해도 '나중에 전화드리겠다'는 문자는 보낼 수 있어서 바로 회신하곤 했다. 밤에도 벨 소리를 키운 채 잠들어 카톡 알림음 소리 하나에도 잠이 깨 답신을 했다. 지금은 불면증으로 고생하고 있어서 무음모드로 설정하고 잠을 자지만, 한밤중에 깰 때면 한 번씩 확인하는 버릇은 여전하다.

오랫동안 이렇게 생활하다 보니 전화 통화가 안 되는 상황에는 금단증상까지 나타난다. 회사에서 각종 포상으로 해외여행을 보내주는데, 한 번은 벤츠코리아에서 E클래스 판매 우수 직원들 100명을 크로아티아에 보내준 적이 있었다. 그때 처음으로 10시간 이상 비행기를 탔고, 역시 처음으로 낮에 전화를 꺼놓게 되었다. 정말 유일한 경험이다. 좋은 2층 비행기의 안락한 비즈니스석을 타고 가면서도 계속 안절부절 불편했던 기억이 있다. 마치 금연자가 담배 금단증상에 시달리듯 10시간을 제대로 쉬지도 못했다. 착륙 후 통화가 가능해졌을 때 어찌나 시원하던지 모른다.

전화만 잘 받아도 기적이 일어난다

고객을 상담할 때나 강의를 진행할 때 가장 많이 받는 질문이 있다.

"어떻게 그렇게 차를 잘 파세요? 비결이 뭐예요?"

나는 이렇게 답한다.

"전화 잘 받는 거요."

우리 고객은 나 말고도 다른 대안의 거래처가 두어 군데 이상
있을 것이다. 급할 때 내가 생각나서 나한테 연락하는 것 자체가
감사한 일이다. 그러니 빠르게 답을 해서 기회를 잡아야 하지 않
을까? 누구나 바쁘다. 빠르게 답변받기를 바란다. '슈팅배송', '총
알배송'이라는 서비스까지 나오는 나라에서 내 고객만 하염없이
나를 기다려주길 바란다고? 말도 안 된다. 서비스 받는 입장이 될
때는 우리 모두 빠른 답변을 원하지 않던가.

내가 강연에서 자주 하는 이야기가 있다. 세일즈를 시작하는 초
년생이라면 3개월간 전화만 잘 받아보라고 한다. 문자와 카톡에
곧바로 회신하고, 콜백은 반드시 하라고. 그것만 잘하면 기적이
일어날 것이라고. 이것은 내가 경험하고 지켜본 진리다. 반대로
전화 응대 하나 제대로 못 해 신뢰를 잃고 기회를 잃는 일도 부지
기수다.

구하기 힘든 고가의 시계를 큰맘 먹고 장만했다. 그런데 며칠
차고 다녀보니 너무 헐거워 줄을 조절하려고 구입한 백화점에 문
의했더니 아무 때나 시간 될 때 나와달라는 것이다. 이래저래 바

빴던 시기여서, 마침 그 백화점 근처에 가는 길에 잠시 시간이 되길래 담당자에게 잠깐 들러도 되겠느냐고 카톡 메시지를 보냈다. 그때가 오전 11시 무렵이었다. 계속 고객의 전화가 들어오는 바람에 통화를 하며 확인해봐도 담당자는 메시지를 확인하지 않고 있었다. 물론 전화나 답 문자도 없었다. 길도 막히는데 복잡한 백화점 주변에서 하염없이 기다릴 수도 없어서 그냥 사무실로 이동했다.

그리고 1시간이 훌쩍 넘은 후에야 카톡 메시지가 왔다. "고객님, 오셔도 돼요." 힘이 쭉 빠졌다. 점심시간도 아니었는데, 세일즈하는 사람이 그렇게 메시지를 늦게 확인한다고? 이해하기 힘들었다. 아무리 인기 있어 줄 서서 사는 시계라고 해도, 판매자가 그런 태도를 갖는 건 정말 곤란하다. 구입 전에 이런 이슈가 있었다면 나는 그분에게 시계를 구입하지 않았을 것 같다. 앞으로도 주변에서 소개해달라고 했을 때 그분을 소개할 자신이 없다.

나는 365일, 24시간 연락 가능한 사람이 되고 싶다. 세일즈를 하는 사람이라면 고객이 필요로 할 때면 언제나 응답할 수 있는 준비가 되어 있어야 한다고 믿는다. 워라밸이 중요한 시대니까 업무 시간과 업무 외 시간을 엄격히 구분한다는 입장도 존중한다. 그러나 세일즈를 한다면, 남보다 더 잘 팔고 싶다면, 고객이 찾을 때 언제든 응답할 준비가 되어 있어야 한다. 그것이 기본이다.

[세일즈 TIP] 콜백

고객은 언제나 바쁘다. 그들은 기다리지 않는다.

1. 콜백은 반드시 하기.

하고 있는 통화 상담 종료 즉시 진행.

2. 전화 받을 수 없는 상황에는 문자 꼭 보내기.

내가 실제로 입력해놓고 사용하는 문자들

[Benz윤미애] 통화 어려우니 문자나, 톡 주시면 처리해드리겠습니다.

[Benz윤미애] 대학원 수업 중으로 끝나는 대로 전화드리겠습니다.

[Benz윤미애] 해외네요. 문자나 톡 주시면 처리해드리겠습니다.

[Benz윤미애] 회의 중이네요. 끝나는 대로 전화드리겠습니다.

[Benz윤미애] 통화 중이네요. 종료되는 대로 전화드리겠습니다.

[Benz윤미애] 상담 중이네요. 끝나는 대로 전화드리겠습니다.

3. 문자를 발송했다면, 해당하는 일 종료 후 즉시 통화하기.

4. 카카오톡 메시지는 즉시 확인하기.

최소한 열어보기라도 하기. '읽음' 표시라도 뜰 수 있게.

5. 콜백서비스에 의지하지 말고 내 목소리로, 내 문자로 답하기.

2.

기록과 시스템 구축만이 살길이다

　내 휴대폰 주소록에 저장된 명단은 8천 명이 넘는다. 그런데 전화가 오고 고객 이름이 뜨면 언제 상담했던 분이고 어떤 차량을 구매하셨고 어떤 특징을 가진 분인지 또렷이 기억한다. 일하는 머리가 타고난 듯, 웬만한 건 기억하는 편이다. 그렇다고 해도 출고 차량이 2천 대가 넘고, 가망고객이 6천 명이 더 될 정도로 늘어 모두 기억하기 어렵다. 자동차는 교환, 구매 주기가 짧게는 3년이고 5년에서 10년까지도 되다 보니, 한 번 만나고 한참 후에나 다시 만나는 고객이 많다. 물론 중간에 서비스 등의 계기로 연락하는 경우도 있지만, 정말 수년 만에 통화하는 경우도 많다.

하루에도 몇 명씩 만나게 되는 고객들을 그냥 스쳐 가는 인연이 아니라 내 평생의 고객으로 만들기 위해 나는 나름의 시스템을 만들어 관리한다. 덕분에 수년 만에 받은 전화 한 통에도 그분과 10년 전에 나눴던 이야기, 그분의 가족관계, 전공은 무엇이고 취미는 무엇인지까지 떠오른다. "그걸 어떻게 다 기억하세요?" 하며 신기해하는 분들이 많다. 나를 기억해주는 사람한테 호감지수가 상승하는 건 당연하다. 그만큼 관심을 가지고 특별하게 생각한다는 얘기니까. 내가 한 번 만난 고객을 평생의 고객으로 만들기 위해 관리하는 방법을 공개하겠다.

고객의 모든 정보를 기록하고 당일에 업데이트한다

개인정보보호법 때문에 보관 정보의 한계는 있지만, 나는 출고 고객, 가망고객 모두의 히스토리를 메모해 관리한다. 처음 만났을 때의 인상착의, 스타일, 체격, 인상 깊었던 것들도 기록한다. 상담하면서 사담도 많이 나누다 보니, 고객이 무슨 일을 하며, 어떤 것을 좋아하는지도 알게 되고, 옷차림이나 시계, 운동화 같은 취향이 반영된 것들도 알게 된다. 그런 것은 그분과의 상담 기억을 돕는 자료가 된다.

고객 차량 정보를 보관하는 건 그 차량을 교체할 때 필요한 정보가 된다. 차량 관리를 꾸준히 하니 차량의 사고 이력, 서비스 이력도 다 알게 된다. 그 차의 주인 다음으로 차량에 대해 많이 아는

사람이 나다. 내가 상담 후 기본적으로 기록하는 내용은 다음과
같다.

전시장을 방문한 고객이나, 다른 분의 소개로 만난 고객이나,
전화 문의로 상담까지 한 고객은 내 고객이 될 때까지 꾸준히 컨
택한다. 처음 내방한 고객에게 최선을 다해 상담했지만, "당장은
아니고 내년이나 후년에 사려고요" 하면서 바로 구입하지 않는 분
도 많다. 단순히 구경만 하러 오시는 분들도 있는데, 이런 경우를
제외하고 제대로 상담한 고객의 경우에는 언제 구입할 예정인지
정확한 시기를 여쭤본다. 내년 초인지, 가을쯤인지 콕 집어서 여
쭙고 그 날짜에 맞춰 캘린더의 해당 날짜에 '홍길동 님 차량 진행
건 확인' 이렇게 기록하는 것이다.

그밖에도 일반적으로 차량을 구입하면 몇 년 정도 타는지, 차량을 바꾸는 형태는 어떤지도 묻는다. 질려서 바꾸는지, 고장 문제만 없으면 오래 타는지, 신형이 나올 때마다 3~7년 주기로 바꾸는지, 고객의 구매 주기에 관해 질문한다. 그리고 현재 차량의 만기 주기 등을 확인한 뒤 바꿀 때가 되는 시점 즈음의 시기를 내 스케줄표에 넣어둔다.

전화 통화나 상담 내용은 당일 업데이트가 기본이다. 업무시간 중간중간 업데이트하거나, 업무 종료 후 야근으로 모든 내용을 구글 주소록에 업데이트해둔다. 90% 이상은 당일에 마무리하고, 부득이하게 시간이 안 될 때는 다음 날 오전에 작업한다. 그렇게 업데이트한 뒤 일일 업무 캘린더를 파쇄한다. 캘린더에 업데이트가 안 되면 그날의 일일 캘린더는 계속 책상 위에 남겨진다. 모든 일이 업데이트 돼야 파쇄한다. 파쇄는 '완료'의 의미다. 워낙 일이 많으니, 그날그날 기록하지 않으면 놓치고 잊어버리게 된다.

처음 만난 고객을 평생 고객으로 만든다

2020년 나는 1년에 350여 대를 계약했다. 어떤 종류의 영업이라도 해본 사람은 알 것이다. 1년 동안 하루에 한 사람 꼴로 계약을 한다는 게 결코 쉬운 일이 아니라는 걸. 한 건의 계약 뒤에는 놓치거나 미뤄지고 실패하는 숫자들도 있으니, 하루에 만나고 상담하는 고객의 숫자는 더 많아진다. 나는 계약에 성공하든 실패하든 마주친 모든 고객을 내 리스트에 저장한다. 그리고 평생의 고객으로 만들기 위해 노력한다. 그러기 위해 나름의 원칙을 세우고 매뉴얼을 만들어 관리한다. 그 방법을 공개해본다.

한 번 상담한 고객에게는 '2+1+2=5 팔로우업 법칙'에 따라 연락한다. 즉, 상담 후 2시간이 지나 상담 감사했다는 문자를 전송한다. 그리고 1일 후(다음 날) 상담 감사했다는 내용을 담아 카탈로그와 함께 우편물 DM을 발송한다. 2일 후에는 전화를 한다. 물론 안 받는 고객도 있다. 그럴 때는 하루이틀 지나 다시 한다. 세 번까지 안 받으면 전화는 멈춘다. 여기에 계속 전화를 하면 불편함을 줄 수 있다. 이때부터는 정기적인 문자와 DM으로 대체한다. 그렇게 꾸준하게 알리면 그 고객이 나중에라도 차량을 구입하며 검토할 때, 비교 전화 문의라도 꼭 내게 해온다.

2+1+2는 몇? 답은 5. 이렇게 기억하면 쉽다. 상담 5일 후에는 고객의 현재 상태를 정확히 판단하고 향후 활동을 계획한다. 즉시

차량 구매를 원하는 분이라면 출고를 목표로 중고차 정리, 금융 및 기타 업무 해결 등을 일정대로 진행한다. 즉시 구매를 원하는 고객이 아닌 경우에는 고객의 일정을 내 캘린더에 기록하고 해당 시기에 다시 연락한다. 그 시점에 연락해도 구매를 더 연기한다고 할 경우, 그분의 연기된 일정을 계속 기록하며 팔로우한다. 정확한 연도와 월을 기록해두고 그 시점에 또 연락을 취한다.

일대일로 고객을 상대하기 때문에 일률적인 매뉴얼 안에서 움직이면서도 각각의 사정과 성향에 맞춰야 한다. 무엇보다 중요한 건 고객과 대화를 이어갈 수 있도록 많이 시도해야 한다는 것이다. 별다른 이슈가 없다면, 그냥 성실하게 위에서 언급한 정도의 간격을 두고 전화하며 내 존재를 알리는 것이 좋다. 하지만 100명의 고객에게는 100개의 다양한 상황이 있다는 걸 염두에 두고 적절하게 맞춰야 한다는 것도 잊지 말자.

처음 상담 뒤 문자를 보내거나 카카오톡 메시지를 보낼 때 반드시 기억해야 할 점이 있다. 우리 고객들은 우리처럼 바로 연락처를 저장하지 않는다. 그러니 본인 이름과 전화번호를 따로 텍스트로 찍어주도록 한다. 그래서 고객이 나와 통화하고 싶을 때, 번거롭게 명함을 뒤적일 필요 없이 바로 누르면 통화가 될 수 있도록 해야 한다. 카카오톡 역시 마찬가지다. 연락처와 사진이 프로필에 있다고 해도 처음 만난 고객이라면 이름, 전화번호를 텍스트로 찍어 고객이 누르면 바로 전화 연결이 될 수 있게 해주길 바란다.

[세일즈 TIP] 첫 상담 후 팔로우업
한 번 상담한 고객은 평생 내 고객으로 만든다.

1. 2+1+2=5 법칙 지키기.
 상담 2시간 후 감사 문자 전송, 1일 뒤 DM 발송, 2일 후 전화, 5일 후 다시 전화한다.

2. 전화를 세 번까지 안 받으면 정기적인 문자나 DM으로 대체하기.

3. 상담 5일 후에는 고객의 상황에 맞춰 향후 활동 계획 짜기.
 1) 즉시 진행: 출고를 목표로 각종 업무를 일정대로 진행한다.
 2) 지연 진행: 고객의 일정을 내 캘린더에 기록하고 해당 시기에
  다시 연락한다. 이후에도 지연되면 지연된 고객의 시점을
  계속 기록하며 팔로우한다.

모든 업무는 시스템화한다

수입차 딜러는 일종의 프리랜서라고 생각하는 경우가 많은데, 전혀 그렇지 않다. 정해진 연봉이 있고 근로자 원천징수를 하며 4대 보험이 되는 직장인이다. 거기에 자신의 성과에 따른 급여가 지급되는 것이다. 출퇴근 시간도 정확히 지문인식으로 체크하고, 평일

과 주말 근무도 정확한 룰에 의해 담당한다. 물론 출근은 정해진 시간에 하지만 퇴근은 그렇지 않고, 주말에 쉬는 것도 정해진 휴일이 없다. 상담하며 사람을 만나는 일이 많은 비중을 차지하다 보니, 상담 시간이 아닐 때도 일을 하고 퇴근 시간 이후 사무실에서 처리하는 일이 많다는 것을 짐작하지 못하는 분들이 많다.

또한 서류작업이 정말 많다. 차 한 대를 출고하는 데 따르는 작업이 어마어마하게 많다. 계약서 작성하고 번호판만 달면 끝이 아니다. 계약하기 전에 상담을 두어 차례 이상은 할 테고, 재고 파악과 옵션 파악, 조건 확인에 견적서가 2~5회 이상 오고 가는 건 시작일 뿐이다. 계약을 체결하면 고객 정보를 받아 전산에 반영하고, 입금 잡고 차량 운송 요청하고 결제 방법에 따라 서류를 진행한다.

그리고 금융사 확인, 견적 확정, 고객 서류 확인, 입금 확인, 매출 진행, 내부 서류 품의 상신 등이 이어진다. 이 과정에서 작성된 서류들은 잔뜩 서류 대행사로 가고, 이어서 고객 보험 가입 및 차량 출고 관련 각종 정보 확인, 번호판 등록 후 하이패스 등 기타 작업 진행, 출고 일정 확인 과정이 뒤따른다. 이후에는 고객에게 설명하는 일정 확인, 출고, 출고 후 인수증 서류 정리, 전산에 반영, 각종 서류 정산 건 확인, 출고 후 각종 서비스 회신, 금융 및 보험 만기일 등을 캘린더에 업데이트하는 업무를 마친다.

이런 일련의 과정은 순조롭고 정확하게 처리되어야 한다. 그렇게 하기 위해 이 모든 걸 내 방식대로 시스템화했다. 각종 사무보

조 프로그램을 사용할 수도 있겠지만, 나는 무식하게 하나하나 입력해 캘린더에 업데이트하는 방법이 잘 맞는다.

회사에서 강의할 때 물어보면, 대부분 직원들이 아직은 고객 수가 얼마 안 되니 본인은 다 기억할 수 있다고 생각한다. "시스템화하세요!"라고 누차 강조하지만 실행하는 경우는 많지 않은 것 같다. 세일즈로 성공하고 싶다면, 반드시 해야 할 일이라고 말하고 싶다. 고객이 늘어나면, 어느 순간 너무 쌓여 손을 못 댈 정도가 된다. 그렇게 되기 전에 준비해야 한다. 시스템화하면 수많은 고객을 꾸준히 관리할 수 있다. 고객은 자신을 기억하는 딜러에게 또 차를 사게 된다는 걸 알아두기 바란다.

기억보다 기록을 믿는다

돌이 튀어서 앞 유리가 깨져 유리 교환을 하는 고객이 종종 있다. 한 번은 그런 문제로 재시공하게 된 고객이 내게 전화를 주셨다.

"윤 이사, 내 차 앞 유리 선팅 농도가 어떻게 되지?"

나는 바로 답변해드렸다. 차량 선팅 농도 기록쯤은 반드시 들어가는 수많은 리스트 중에 하나일 뿐이다. 문제가 생기면 서비스 신청도 도와드리고, 차량에 새로운 작업(스피커, 열선 시트 등)이 진행될 때 업체도 기록해둔다. 이렇게 향후 A/S가 발생해도 내가 다

해결해드릴 수 있다. 고객이 우리 차를 구입하면 기존에 타던 차량을 팔아드리기도 한다. 고객은 차를 팔고 난 후에 이전 등록증을 챙겨 보험이나, 자동차세 선납분을 환불 신청하게 된다. 내가 처리한 건에 대해서는 당연히 이전 등록 서류를 직접 챙긴다. 심지어 사은품으로 어떤 제품이 나갔는지도 기록해둔다.

"윤 이사, 나한테는 우산 안 줬지?"

이런 전화를 주시는 분도 간혹 있는데, 내 기록이 정확하게 사실을 알려드린다.

"에이, 사장님. 우산 3개 드렸는데요. 그때 ○○○도 같이 드렸는걸요."

판촉물로 어떤 걸 드렸는지까지 상세히 기록되어 있으니, 확인받고는 아무 말씀 못 하신다. 그렇게 고객의 정보들을 기록하다 보면, 하루하루 확인해야 할 일정이 생긴다. 아침에 출근하면 캘린더에 적힌 그날의 일정부터 점검하는데, 하루 전에 기록한 것부터 수년 전에 기록해둔 일들까지 적혀 있다. 오늘 차를 팔았다면 3개월 후에는 점검 스케줄을, 1년 뒤에는 보험 스케줄을 확인해야 한다고 기록해두는 식이다.

그러다 보니 내 1년의 스케줄은 몇 년 전부터 차곡차곡 채워져 있다. 아무리 피곤한 날이라고 해도 이미 오늘의 스케줄이 모두 잡혀 있으니 책상에 앉아 일할 수밖에 없다. 나에게는 그 자체로 동기부여도 된다.

캘린더상에 기록돼 있는 해당 고객 이름으로 검색해 상세한 내용을 확인하여 진행 사항을 연락드린다. 그리고 차량 구입에 대한 안부도 묻는다. 이를테면 차량 판매 시 "1년 뒤에 제가 유리막 코팅해드릴게요"라고 약속했다면, 그 1년 뒤의 날짜를 캘린더에 기록해놨을 것이다. 그리고 1년 뒤 어느 날, 아침 출근 후 캘린더 속에서 그 기록을 확인한 나는 고객에게 전화를 드린다.

"사장님, 그동안 안녕하셨어요? 1년 됐으니 유리막 코팅하셔야죠."

그렇게 전화하면 고객들은 내가 정확히 약속을 기억하는 것에 놀란다.

"아, 1년 됐나요? 그건 비용이 얼마나 되죠?"
"제가 해드리는 겁니다. 출고 때 해드린다고 말씀드렸잖아요."

자신이 챙기기도 전에 후속 서비스 약속을 정확히 기억하고 먼저 전화했다는 것에 고객은 감동한다. 나는 정확히 약속한 날짜에 맞춰 연락하고 실행하며 고객의 신뢰를 얻는다. '나는 내 입으로 뱉은 말은 무조건 지킨다'는 원칙으로 산다. 그리고 이 원칙을 지킬 수 있도록 뒷받침하는 것이 나만의 시스템이다.

업무상 중요한 루틴 중에 매월 한 번씩 하는 일이 있다. 나는 매월 1일이면 계약 고객, 출고 고객에게 문자를 발송한다. 그 숫자가 약 1천 5백 명이다. 그리고 월초에는 가망고객에게 필요한 조건이 나오면 문자를 발송하는데, 그렇게 보내는 고객이 약 3천 명이다. 시스템 속에서 움직이지 않으면 이렇게 많은 숫자들을 정확히 챙길 수 없다.

계약하고 여러 사유로 해약한 경우 역시 기록해둔다. 사정이 안 되어서인지, 아니면 타 브랜드를 구매하게 되어서인지, 그 사유도 기록한다. 3~5년 주기로 차를 바꾸는 고객이면, 그해부터 3~5년이 되는 때의 어느 일자에 '홍길동 님, 차량 교체 주기 확인'이라고 캘린더에 기록해둔다. 그리고 해당 날짜가 되면 그 고객을 검색해 진행 사항 관련 안부 전화를 한다.

이렇게 내 시스템에 따라 관리하다 보면, 고객님들도 몇 년이 지나도 잊지 않고 연락하는 윤미애한테 대단하다는 말을 연신 하신다. 나에 대해 한층 더 좋은 인상을 갖게 되고 신뢰감을 갖게 된 고객이라면 반드시 나를 다시 찾게 된다. 나는 그렇게 한 번 인연이 된 분은 내 고객이 될 때까지 잊지 않고 연을 두고 일한다. 결코 내가 먼저 그 끈을 놓지 않는다.

어렸을 때 IQ 98이라는 결과를 받았던 나는 학년이 올라가며 그것이 어떤 의미인지 알게 됐고, '나쁜 머리'를 어떻게 보완해야 하는지 나름의 방법을 찾아냈다. 바로 메모였다. 그래서 메모하는 습관을 갖게 됐는데, 이것이 내가 고객관리 시스템을 만드는 기초가 되었다.

머리가 좋고 기억력이 좋다고 자부하는 사람이라도, 그 머리만 믿지 말고 반드시 자신의 일을 시스템화하기 바란다. 작은 구멍가게 하나 꾸려가기도 힘든데, 수만 명의 직원이 일하는 대기업들은 어떻게 굴러갈까. 바로 정교한 시스템에 의해서다. 일의 스케일을 키워가고 싶은 사람이라면 더더욱 일찌감치 자신만의 시스템을 만들어 일해야 한다. 손가락 열 개와 기억력만으로 해결될 정도의 그릇으로만 머물고 싶은가? 그렇지 않고 더 큰 꿈을 꾸고 있다면, 반드시 지금 이 순간부터 '시스템'을 만들어보라.

3.

한 번 맺은 인연의 끈을 보물처럼 여긴다

우리나라에 수입되는 독일 자동차 3사 브랜드 중 재구매율이 가장 높은 브랜드가 벤츠다. 벤츠를 한 번 사고 또 사는 고객은 벤츠의 노예가 된다고 한다. 작은 세단으로 시작해 상위 모델로 올라타기도 하고, SUV로 가기도 하고, 모델이 바뀔 때마다 주기에 맞춰 구매하는 고객이 많다. 그런 고객들을 차 한 대 팔았다고 '끝!'으로 생각한다면, 그들의 다음 차는 내가 아닌 나의 경쟁자인 다른 딜러에게 기회가 갈 것이다. 한 번 고객을 평생의 고객으로 모시기 위해 나는 상담뿐 아니라 출고 후에도 사후 관리를 열심히 한다.

가장 좋은 조건을 안내해드린다

어느 회장님이 마이바흐 S클래스를 구매하고 사모님은 벤츠 S클래스, 큰며느리는 GLA, 작은아들은 GLE, 작은며느리는 E클래스를 구매해, 한 가정에 5대를 출고한 적도 있다. 또 한 개인에게 14대까지 출고한 고객도 있다. 그렇게 줄줄이 구매한 고객들만 관리하는 게 아니다. 나는 모든 고객에게 때맞춰 정기 점검, 금융상품 만기, 사고 발생 시 후처리 등의 사후 관리를 철저하게 한다. 물론 구입할 때도 최적의 조건을 내가 먼저 찾아내 권해드린다. 고객이 스스로 필요하다는 것을 알기도 전에 그 부분을 충족시켜 준다면, 그 사람은 또 찾아오고 싶지 않을까?

여성 고객님이 본인 명의로 차량 구입을 희망하셨는데, 보험 견적을 내보니 남편분의 보험료가 많이 저렴했다. 그래서 나는 명의 변경 의사가 있는지 묻고, 아니면 공동명의로 진행하실 수도 있다는 걸 안내해드렸다. 99:1로 하거나 50:50으로 하는 등 지분율까지 여러 방법을 제시해드린다. 주부의 경우 본인의 자산을 소유하고 싶어 하는 분들도 있어, 그런 분들에겐 명의 의사를 묻고 보다 나은 방법을 제안한다.

물론 딜러가 굳이 챙기지 않아도 되는 영역이다. 일만 더 많아진다고 생각하는 딜러들이 더 많을 것이다. 하지만 나는 고객의 입장이 되어 가장 유리한 조건을 만들어드리고 싶다. 그래서 안내해드리는 것이다. 할인이 조금 더 되는 다른 조건이 있다면, 3자 공동명의까지 제안해 여러 서류를 요청드릴 때도 있다. 고객에게도 조금 번거로운 일일 수 있지만, 결론은 조금이라도 더 가격 할인이 생긴 것에 감사해하셨다. 뒤늦게라도 이렇게 챙겨주는 걸 알아주시기도 한다.

고객이 차를 구매할 때면 기존 차량을 같이 정리해드리는 경우가 많다. 이때는 리스 차량이면 금융사마다 다르긴 하지만 명의 정리에 시간이 많이 걸린다. 나는 날짜를 감안해 종료 확인서 회신 및 기존 보험 해지 환급, 관련 세금 환급 처리까지 안내해드린다. 일반차량도 마찬가지로 이전 서류를 챙겨드린다. 과거에 차량 정리를 하면서 이전 처리까지 못 챙겨 과태료를 물고, 보험료도 못 챙겨 나중에 어려움을 겪었다는 분들도 많다. 이런 경험이 있는 분들은 내가 처리해드리는 것만으로도 더욱 만족하고 신뢰하신다.

우리 고객들도 대부분 타 브랜드나 타 딜러를 경험해본 분들이다. 그러다 나를 만나 상담하고 출고하고 몇 년간 지내오다 다시 차를 사러 찾으시는 경우가 많은데, 그럴 때 말씀하신다.

"윤 이사처럼 하는 딜러가 없어."

이 말이 나는 너무나 기쁘다. 한 번 내 고객이 된 분은 이후에 다른 브랜드 차량을 구입해도 나에게 도움을 받으시는데, 나는 그게 오히려 기쁘다. 내 고객이 다른 사람 '손 타는' 게 싫다. 내 고객이 다른 영업사원을 만나서 이런저런 상담을 받는 것보다 나에게 도움을 받고 나만 찾아주면 더 기쁘지 않겠는가. 물론 다른 브랜드를 구입해도 윤미애만 한 사람이 없으니 나를 찾아주시는 것이기에 그 기대에 부응하려고 노력한다.

더불어 내 고객들은 다른 분들에게 "윤미애가 내 딜러야!" 하며 자랑스럽게 나를 소개하신다. 자신의 딜러가 높은 직급에 차도 잘 팔고, 아는 것도 많고, 똑 부러지게 많은 일을 해결해준다고 생각하기 때문에 기꺼이 소개해주시는 것 같다. 그래서 나는 고객의 소개로 새로운 고객을 소개받는 경우가 굉장히 많다.

소개와 재구매가 가능한 사람이 된다

우리 회사에 '부진자 교육' 시간이 있었다. 적정 기간 기준이 되는 대수의 차량을 판매 못 하는 영업 직원들을 분기별로 모아서 교육했다. 내가 강의자로 선정되었을 때 교육자료로 쓰기 위해 내 출고 고객을 대상으로 고객 정보를 뽑아봤었다. 당직으로 만난 고객인지, 기존 출고 고객의 소개 건인지, 기존 고객의 재구매인지, 단순 지인 소개인지 등등 내 개인 파일에 기록한 내용을 분석해봤다.

내가 있는 강남전시장은 벤츠의 대표 매장이고 위치도 좋아 내

방객이 많다. 그러다 보니 타 전시장 사람들을 비롯해서 대부분이 당직으로 내방 고객을 맞이해 판매하는 대수가 많을 것이라고 생각했다. 나 역시 궁금해서 겸사겸사 분석해본 것이다.

그런데 결과는 완전히 예상을 뒤집었다. 98%가 소개와 재구매였다. 전시장 위치가 좋아서 많이 파는 게 아니라, 기존 고객에게 잘하면 그분이 또 사고, 다른 고객을 소개하며 대부분의 판매가 이루어졌던 것이다. 좋은 건 나누고 싶은 게 인지상정이다. 좋은 화장품을 써보면 친구한테도 권하고 싶듯, 고객들은 좋은 딜러도 기꺼이 소개한다. 또 벤츠 타는 분 주위엔 벤츠 타는 분이 많으니, 소개할 기회도 많은데 그때 일 잘하는 딜러를 소개할 확률이 높은 거다.

나는 사교적인 성격이지만 일에 있어서는 깐깐하고 까칠한데, 고객들도 나하고 비슷하게 까다롭고 까칠하고 어려운 분들이 많다. 그런데 그분들의 기준을 내가 맞춰드리니 더욱 만족해하신다. 그리고 자신 있게 주변에 소개해주신다. 이런 고객분들의 기대에 부응하기 위해 나는 더 높은 기준을 두고 최선을 다한다. 때로는 수익률이 마이너스가 되는 경우도 있지만, 출고에 최선을 다하기 위해 기꺼이 감수할 때도 있다. 그러니 매일매일 신경 쓸 일도 많고 바쁠 수밖에 없다. 그래도 전시장에 나를 찾아와 "OO 소개로 왔어요" 하는 고객이 있으면 전투력이 상승하니, 세일즈가 내 천직인 것이 분명하다.

세일즈 분야에서는 물론이고 다른 모든 분야에서도 우리는 '소개'와 '재구매'를 경험한다. 어떤 분야에서든 실력 있는 사람으로 평판이 나 있으면 그만큼 찾는 곳도 많을 것이고 몸값도 높아질 것이다. 잘하는 사람과 일해본 사람은 누군가 추천을 원했을 때 칭찬을 아끼지 않고 소개할 것이고, 한 번 일했던 곳에서도 더 높은 금액을 제시하며 잡아두려고 하기 마련이다. 맛있는 음식점은 주위에도 널리 소개하고 싶고, 불친절하고 맛없는 음식점은 두 번 다시 가지 않는 것도 마찬가지다. 나는 어떤 사람일까? 소개해주고 싶고 다시 찾고 싶은 사람일까? 이 질문을 항상 기준으로 삼고 일해보기를 권한다. 그러다 보면 내가 처한 상황에 대한 불만보다, 내가 개선하고 돌파해 나가야 할 길이 더 잘 보이기 시작할 것이다. 더 높이 올라갈 수 있는 기회의 문도 눈앞에 자연스럽게 열릴 것이다.

해약한 고객도 결국 내 고객으로 만든다

모든 상담이 순조롭게 판매와 출고로 이어지면 얼마나 좋겠는가. 그러나 여러 사정으로 고객들은 해약을 한다. 계약은 쉽게도 이루어지고 어렵게도 이루어진다. 상담과 시승을 서너 차례씩 하며 어렵사리 계약하는 경우도 있지만, 정말 편하게 전화 한 통만으로 계약하는 경우도 있고, 여러 상황별로 계약을 연달아 진행하는 경우도 있다.

어떤 경우에는 계약을 체결할 때부터 해약 요청이 짐작되기도 하는데, 이럴 때도 나는 어떻게든 계약을 받아낸다. 여기에는 몇 가지 이유가 있다. 세일즈 감각과, 차량 정보나 매달 바뀌는 프로모션 정보 등에 대한 감각을 유지하기 위한 이유도 크다. 그리고 일단 계약을 한 분은 해약을 하더라도 윤미애란 사람한테 언젠가는 차를 살 수 있다고 믿기 때문이다.

고객분들께 해약 사유를 꼭 여쭤보는데 대부분 개인 사정이나 경쟁사와의 가격 비교로 인한 경우다. 또 내가 워낙 열심히 상담하니 나를 봐서 그 자리에서 계약은 하지만, 원래 구입하고자 했던 시기에 구입을 검토하려고 해약한다는 분도 있다. 해약의 사유도 다양하다.

나는 해약한 고객에 대한 관리도 빠짐없이 한다. 모든 해약 고객에게 손 편지를 보낸다. 고객과 상담한 기억을 담아 친근감 있게 편지를 쓴다. 열심히 최선을 다했지만, 내가 부족해서 해약하시게 하여 죄송하다는 말도 담는다. 그러나 좋은 인연으로 다시 뵐 날을 기대하겠다는 말도 잊지 않는다.

이 손 편지를 시작으로 3년 이상 그분께 DM을 보낸다. 물론 매월 문자 발송 때마다 '수신 거부 의사 표현' 문구를 넣으니, 원치 않으면 즉시 수신 거부 처리를 한다. 내 마음이 닿았는지, 다음에 차량을 바꿀 때는 정말로 다시 윤미애를 찾아주는 분들이 많다.

시간이 걸릴 뿐 노력에는 반드시 답이 온다.

내가 해약 편지를 보내기 시작한 것은 과장 2년 차부터였다. 매월 발송하는 정기 DM을 받는 오랜 고객이 결국 찾아오는 걸 보고 해약 편지를 써야겠다고 다짐했다. 해약한 고객들은 구입을 보류하는 경우도 있지만, 벤츠 아닌 다른 브랜드를 사는 경우도 많다. 즉, 나뿐만 아니라 다른 브랜드 영업사원도 만나본다는 얘기다. 차량의 선호도, 재고, 기능, 금액 차이 등의 이유로 우리 차를 해약하고 타 브랜드를 구입한다. 그렇지만 나는 끝까지 '영업사원만은 윤미애가 잘하지요?'라는 확신을 주고 싶었다. 그래서 해약 과정도 빠르게 마무리해드리고, 정성스럽게 편지를 보내 좋은 인상을 심어드리려고 한다. 자동차는 소비재이기 때문에 교환 시기가 찾아오니, 다음에 차를 바꿀 때는 꼭 저를 찾아주십사 하는 나의 의지를 보여드리는 것이다.

차량을 여러 번 구입해본 고객은 자동차 계약은 크게 의미 없다는 걸 안다. 계약금 일부를 걸어놓아도, 출고 전까지 고객 요청이 있으면 언제든 100% 환불해준다. 그런데 어떤 딜러들은 해약을 요청해도 질질 끌고 늦게 처리해주는가 하면, 요청해도 연락이 안 되는 경우도 있다고 한다. 그런데 나의 빠른 해약 처리와 손 편지까지 받아보면 깔끔한 일 처리에 또 한 번 신뢰해주신다.

나는 나중에 꼭 나한테 구입하겠다고 하는 고객은 잊지 않고 그

말까지 캘린더에 저장해놓는다. 그리고 그 시점에 전화를 한다.

"고객님, 3년 전에 다음 차는 꼭 저한테 사주신다고 하셨죠?"

내 전화에 기분 좋게 웃음을 터뜨리며, 다시 상담이 이어지는 경우가 많다.

"10년이나 잊지 않고 문자를 주는데, 윤 이사님한테 차 안 사면 안 될 것 같아서 왔어요. 하하."

이런 분이 1년에 한두 분은 꼭 계신다. 해약 편지 한 통이 그분을 나에게 안내한 것이 아니다. 이후 매월 한 번씩 정기적인 DM으로 꾸준하게 영업활동을 하는데, 수년간 변함없이 성실한 태도를 보고 믿고 찾아오시는 것이다.

점점 젊어지고 있기는 하지만, 우리 브랜드 차량을 선호하는 고객님들은 연배가 있다. 아직은 아날로그 감성을 좋아하고 익숙해하시는 분들이 많다. 그래서 나는 편지를 보내면서도 직접 쓴 손편지를 보내게 됐다. 차가운 액정보다, 일률적인 인쇄물보다 조금 더 따뜻한 마음이 전해지기를 바라면서 내 진심을 최대한 담아 보낸다. 나에게 그분은 '해약한 고객'이 아니라 이미 '평생 내 고객' 이니까.

떠날 때 머물던 뒷자리를 깨끗이 해야 하는 건 화장실만이 아니다. 일에서 맺은 관계에서도 마무리는 중요하다. 세상은 생각보다 좁다. 우리는 어디에서 어떻게 다시 만나게 될지 아무도 모른다. 무시하며 거칠게 마무리하고 퇴사해버린 직장의 이력이 나중에 꼭 가고 싶었던 직장 취직에 발목을 잡기도 한다. 평판 조회로 그 사람의 전력을 살피는 것은 흔한 일이다. 그러니 자신의 일에 당당할 수 있도록 언제나 성실한 건 기본이다. 그리고 예기치 않게 기회를 잃을 때조차 내 뒷모습에 당당할 수 있도록 하자. 그런 태도는 반드시 좋은 결과로 찾아오게 마련이니까.

나는 어떤 사람일까?

소개해주고 싶고 다시 찾고 싶은 사람일까?

이 질문을 항상 기준으로 삼고 일해보기를 권한다.

그러다 보면 내가 처한 상황에 대한 불만보다,

내가 개선하고 돌파해 나가야 할 길이

더 잘 보이기 시작할 것이다.

4.
어떤 문제든
해결하는 사람이 전문가다

　나는 정말 궁금하다. 우리 고객들이 어찌 사는지, 어찌 성공한 건지, 그들의 스토리가 궁금하다. 궁극적 목적이야 차량 판매지만, 나는 차량 관련 질문을 시작으로 이런저런 이야기를 많이 묻는다. 물론 처음 뵌 고객인데 말수 적고 단답형 답변만 하는 분들께는 가능한 말을 아끼고 고객이 물어보는 것만 대답한다. 그런 경우가 아니고는 내가 많이 묻고 듣는 편이다. 내가 정말 궁금해서 물어보는 거라, 당연히 리액션도 크고 웃음소리도 크다. 그런 반응에 고객들은 흥이 나서 말씀을 더 잘해주신다.

　그렇게 이야기가 시작되면 나도 내 이야기를 꺼낸다. 나의 인생

사 스펙트럼은 보통 사람들과는 상대가 될 수 없게 넓다. 또 어렵게 살아온 유년 시절 덕에 타인의 어려운 사정 이야기도 100% 공감이 된다. 나의 부족한 부분, 부끄러운 부분도 솔직하게 말씀드린다. 그러면 고객도 진솔하게 자신의 이야기를 해주신다. 그런 대화 속에서 나는 세상 살아가는 지혜, 따르고 싶은 인생 지침도 많이 배운다. 또 그렇게 깊은 대화까지 이어지다 보면, 상대가 뭘 원하며, 어떻게 해줘야 만족하는지 확실히 알게 된다.

집중해서 대화의 씨앗을 찾는다

상담할 때 명함을 드리고 첫마디를 건네면, 그분이 말을 하고 싶어 하는지, 하기 싫어하는지가 느껴진다. 인사를 건넸을 때 흔쾌히 웃으며 인사를 받아주는 사람은 질문만 해도 술술 이야기해 줄 것이고, 인사를 받지도 않고 그냥 명함을 주머니에 넣거나, 보지도 않고 들고 다니는 사람은 단답으로 묻는 말에만 겨우 대답할 것이다. 전자는 편하게 대화가 이어지지만, 후자는 어려운 경우다.

후자의 경우에는 나도 말을 아끼며 그분의 동선만 1미터 이상 거리를 두고 따라다닌다. 그러다 한 곳을 응시하거나 시선이 머무르면 짧게 한마디씩 건넨다. 그렇게 한두 층까지 차를 보면서 동일한 행동을 하다 그냥 가버리는 고객은 그냥 보내야 한다. 그러나 그래도 시간이 지나면서 호응을 해주면 가는 길에 연락처를 요청드린다. 가신 후 방문 감사 문자를 보내는데 그러면 회신이

100% 온다. 당장은 구입 의사가 없어도, 꾸준하게 DM과 문자를 드리면 꼭 다시 나를 찾아주신다.

무작정 말만 많이 건넨다고 좋은 교감이 이루어지는 게 아니니 상대에게 맞추는 건 필수다. 네일아트를 위해 집 앞에 있는 네일숍에 갔을 때였다. 일하는 분이 나처럼 대화하기를 좋아하는 분이었다. 대화를 위해 이런저런 얘기를 건네셨다. 그런데 어쩐지 대화가 진행될수록 피곤해졌다. 나랑은 아무 상관없는 이야기를 늘어놓고, 내가 답하는 말은 제대로 귀담아듣고 있지 않아서였다. 피곤해서 졸린다고 했는데도, 계속 말을 거는 것도 거슬렸다. 나에게 말을 걸긴 했지만 내가 공감할 만한 대화는 시도하지 않으니 2시간이 넘는 시간 내내 즐겁지 않았다.

대화란 이렇게 어려운 것이다. 무작정 말을 건넨다고 해서, 말투만 상냥하다고 해서 편안한 대화가 이뤄지는 것이 아니다. 무엇보다 핵심은 상대가 중심이 되어야 한다는 점이다. 그 사람이 무엇에 관심이 있고 무엇을 말하고 싶은지를 파악해서 대화를 이끌어야 한다.

IT업계에서 영업할 때부터 나는 사람들과 대화의 물꼬를 트는 방법을 터득한 것 같다. 나를 경계하는 사람들 앞에서 어색한 분위기를 없애기 위해 대화의 씨앗을 찾는 데 전력을 다했다. 외모는 기본이고, 상대방 책상에 놓인 소품이나 날씨와 풍경까지, 주위의 모든 것이 대화의 소재가 되었다. 그리고 그렇게 수집한 이야기를 이런저런 상황과 연결하며 그분에 대해 물어봐서 이야기를 끌어냈다. 또 비슷한 사례로 내 이야기를 꺼내면서 공감대를 이어가기도 했다. 그렇게 대화하기 편한 분위기를 만들고, 경청하며 공감하고 반응하면 교감이 이루어지고 상대방도 어느새 나를 편하게 대해준다.

내가 경험을 통해 배운 것은 사람은 누구나 자기 이야기하는 걸 좋아한다는 사실이다. 관건은 편하게 말할 수 있는 분위기와 환경을 얼마나 잘 만들어주느냐일 뿐이다. TV를 많이 보지 않는 나는 줄거리를 따라가야 하는 드라마보다는 오며 가며 잠깐 봐도 따라갈 수 있는 예능을 즐겨 본다. 그중에 내 최애 프로그램은 〈유퀴즈 온 더 블록〉이다.

이 프로그램을 보면 유재석이라는 능숙한 진행자가 출연자들의 이야기를 얼마나 잘 끄집어내는지 알 수 있다. 물론 사전 약속을 통해 정리된 대본도 있겠지만, 많은 출연자가 "내가 원래 이렇게 말이 많은 사람이 아닌데 유재석 씨 앞에서는 별 얘기를 다 하게 되네요"라는 식으로 털어놓는다. 바로 이거다. 상대가 집중하고 편하게 공감해주면, 사람들은 자기 안의 많은 것을 꺼내 보여준다. 나에게도 그렇게 타인에게 집중하고 공감하며 편하게 이야기를 꺼낼 수 있는 분위기를 만드는 재능이 조금은 있는 것 같다. 그러니 매일 누군가를 만나 대화하는 이 직업이 즐거울 수밖에.

고객의 고민은 나의 고민, 안 되면 되게 한다

차를 사는 데 머뭇거리는 분들에게는 뭔가 2% 충족되지 못한 이유들이 있다. 그게 뭔지 털어놓도록 이끌어내는 것도 내 몫이다. 더 나아가 그것을 해결하는 것이 결국 능력이다.

강남 신사역에 위치한 성형외과의 원장님이 S클래스 롱바디 차량을 사고 싶어 하셨다. 그런데 선뜻 결정을 못 하고 망설이셔서 조심스럽게 이유를 물었더니 건물 주차장이 타워 주차장이라 주차가 안 된다는 것이었다. 신사역 부근 대부분의 건물이 카리프트 형태이고 큰 차는 주차가 안 됐다. 나는 그날로 그분 병원 반경 100미터 내외로 도보가 가능한 거리에 있는 지상 주차장을 이 잡듯이 물색했다. 결국 병원에서 걸어서 5분 이내의 주차장을 찾아냈고, 월 주차 비용까지 비교해 네고를 해서 소개해드렸다. 원장님은 감탄하며 S클래스를 바로 출고하셨다.

카리프트가 문제인 적이 또 있었다. 한 고객님이 S580 모델을 너무 사고 싶어 했지만, 주차할 건물의 카리프트 무게 제한으로 곤란할 것 같다고 했다. 이분은 불가능할 것 같다는 마음에 상담도 계속 미루면서 전화로만 "안 되겠죠? 아무래도 안 되겠죠?" 하며 안타까워하셨다. 그래서 내가 법인 주소를 인터넷에서 찾아서 그분이 원하시는 해당 차를 가지고 갔다. 주차 관리자는 괜히 넣었다가 카리프트만 고장 난다고 주차를 못 하게 했다. 나는 신년 벤츠 달력을 드리면서 딱 한 번만 넣어보게 해달라고 졸랐고, 겨우 입차를 시도할 수 있었다. 역시 '삐삐' 하는 경보음이 울리고 정상 입차가 안 됐다.

나는 문의주셨던 고객님께 "정말 어렵네요. 차종을 좀 낮추시면 안 될까요?"라고 말하며 내가 주차장에 와서 시도까지 해봤다는 것을 알렸다. 그러자 그분은 연락도 없이 와서 노력해본 것에 감명받으셨던지 전시장에 오시겠다고 해서 드디어 상담을 하게 됐다. 원하던 모델에 애착이 많으셨던 그분은 이번에는 자신과 함께 가서 카리프트에 한 번만 더 넣어보자고 하셨다. 그래서 다시 차를 몰고 주차장에 갔고, 역시 내가 운전해서 차를 넣었을 때 '삐삐' 하고 요란하게 경보음이 울렸다. 그때 고객님이 "윤 이사님, 한번 내려보시죠" 했다.

아! 그때야 나는 머리에 불이 번쩍 켜졌다. 내가 내리자 경보음은 멈췄다. 유레카! 몸무게가 50킬로그램가량 나가는 내가 내리자 제한 무게를 넘지 않았던 것이다. 주차장에 차를 넣을 때 당연히 운전자는 내리니 차만 내려가는 게 맞는데, 왜 그 생각을 못 했을까! 나와 고객은 물론 건물 관리소 소장님까지 모두 환호했다. 그러고는 차량 계약에 출고까지 빠르게 진행했고, 고객님은 곧이어 지인까지 소개해주셔서 한 대를 더 출고할 수 있었다.

수입차 구입을 상담하던 딜러가 부동산 문제까지 해결해준다는 사실, 믿어지는지? 나는 그런 일도 해봤다. S클래스 차량을 내게 구입해서 4년가량 타고, 다시 차를 바꿔볼까 생각하며 계속 전화만 하셨던 고객이 전시장에 찾아오셨다. 처음 구매할 때도 그랬지만, 굉장히 신중한 분이었다. 다른 고객들과도 그렇듯 차량 얘기는 5% 정도만 하고 이내 사담을 이어갔는데, 청담동 건물 부동산 이야기를 하시며 바로 다음 날에 대출 연장에 들어가는데, 금리가 너무 높다고 한탄하셨다.

마침 그즈음 나 역시 건물 대출금을 상환하려고 알아보고 있던 터라 1금융권 은행들의 금리를 상세히 꿰고 있었다. 그분이 매입한 건물과 대출금에 대한 금리가 좀 높다고 느꼈다. 그래서 내가 진행하려고 했던 은행의 담당자를 소개해드렸고, 그분이 진행하려던 기존의 금리보다 낮게 대출 계약이 성사됐다. 대출금액이 워낙 크다 보니 금리가 약간 낮아져도 절약되는 금액이 상당히 높았다. 나랑 대화하다 뜻하지 않게 고민을 해결하게 된 고객님은 기분 좋게 바로 S580을 출고하셨다.

결국 답은 찾게 되어 있다

고객들과 격의 없는 대화를 나누며 편안한 관계가 되고, 여러 차례 거래하며 각종 일들을 처리해드리고 정보도 많이 알게 되면, 엉뚱한 '주문'까지 받게 되는 경우가 있다.

"윤 이사! 내 차 좀 찾아줘요."

한 고객님이 전날 약주를 많이 하셨는데, 차를 어디에 뒀는지 모르겠다며 차를 찾아달라고 전화를 주셨다. 아니, 그 자리에 있지도 않았던 나한테 왜? 그런데 그럴만한 이유는 있다. 요즘 차량은 출고하면 핸드폰에 앱을 깔고 차량의 위치, 각종 차량 상태를 확인할 수 있다. 보통 출고 때 ID를 세팅하는데 내가 기준값을 잡아드린다. 그러다 보니, 본인은 잊어도 나는 확인할 수 있어 내가 고객 요청으로 대리 접속하여 차량 위치를 확인해드렸다. 연배가 있으신 고객들은 그런 앱을 깔고 사용하시는 걸 불편해하시다 보니, 출고 때 말씀드려도 이용하지 않으시는데, 그 고객님은 확실하게 앱의 도움을 받게 되셨다. 차를 찾고 기뻐 전화하신 고객님의 음성이 지금도 생생하다.

"윤 이사, 고마워! 윤 이사가 있어서 든든해."

카리프트 에피소드가 또 있다. 카리프트에 입차할 때 차량 번호를 넣게 되어 있다. 차량을 넣고 차량 번호 4자리를 입력한 뒤 차량을 입고시킨다. 이때는 차가 내 눈앞에 있다. 그런데 출차 때는 차가 보이지 않는 상황에서 안내판에 차 번호 4자리를 입력해야 한다. 오늘 출고한 차량이니 번호가 생소해서 기억나지 않을 수 있지 않은가. 그때도 고객님이 전화하셨다.

"내 차량 번호가 뭐였죠?"

물론 나는 바로 말씀드려 정상 출차를 도울 수 있었다. 이 정도면 나는 챗GPT나 시리 정도 되는 365일 차 집사(!) 내지 해결사아닌가?

이런 적도 있다. 주말 아침 9시쯤, 마이바흐 출고 고객으로부터전화가 왔다. 올림픽대로인데 와서 픽업 좀 해달라고 했다. 고객님 목소리가 심상치 않았다. 어디 아프시냐고 여쭤봐도 대답을 잘못하셨다. 주말이었지만 다행히 당직이어서 근무 중이던 나는 놀란 가슴을 안고 직원을 대동한 채 그분이 말한 장소로 찾아갔다.올림픽대로 한남대교 조금 지나 우측 편에서 비상등을 점등한 차량을 확인해 차를 세우고 보니, 고객님은 정신을 잃기 직전의 상태였다. 뒷좌석으로 모시고, 내가 운전해서 사무실까지 모셔다 드렸다.

빈혈이었던지 운전 중 갑자기 눈앞이 혼미해지셨다는 것이다.차가 계속 왔다 갔다 하니 다른 차량이 112에 신고했고 경찰이 와서 차량을 세우고 음주 측정까지 했다고 한다. 몸이 안 좋은 걸 알고 갓길에 대고 안정을 취하라고 했을 때, 보험사나 대리기사는 생각이 안 나고 오직 윤미애 생각이 났다고 하셨다. 그 말에 가슴이 찡해졌다. 내가 누군가 다급할 때 떠오르는 존재였다는 생각에 감사한 마음이 들었다. 이분은 몇 년 후 또 다른 차량을 구입해주셨는데, 그때도 문제의 그날 이야기를 하시며 다시 한번 고마워하셨다.

차량 번호에 매우 의미를 두는 고객들이 있다. 특정 번호 4자리, 흔히 말하는 로얄 번호, 상승하는 번호 등을 꼭 달고 싶어 하는 분들이다. '믿거나 말거나' 차를 구입하는 이유가 번호 때문인 고객도 있을 정도다. 이런 주문도 해결할 수 있냐고? 물론! 윤미애니까!

예를 들어 88○○ 차량 번호를 원한다면 서울에 있는 25개 구청에 일일이 전화해서 차량 등록사업소를 확인한 뒤, 시작하는 번호 연번을 확인하고, 그 연번이 나오는 구청을 찾아야 한다. 그리고 그중에 해당 번호가 넘어갈 때를 기다려 대기해야 한다. 또한 다음 연번은 랜덤이라 뭐가 될지 미리 예상할 수 없어서, 원하는 번호가 나올 때까지 매일 전화해봐야 한다. 이렇게 엄청난 노력과 품을 들여야, 고객이 원하는 번호를 취득할 수 있다.

"이사님은 하실 수 있잖아요."

초고난도의 미션을 주면서도 내 고객은 이렇게 얘기하신다. 그런데 그 어려운 일을 윤미애는 또 해낸다. 때로는 좋은 시에 맞춰 차를 받아야 해서 몇 월 며칠 몇 시에 차를 출고시켜 달라고 하신다. 그럴 때도 나는 "안 됩니다. 그런 건 절대 못 해요"라는 말이 입에서 나오지 않는다. 어떻게든 고객의 기대에 부응하고 인정받을 때 가장 행복한 나라는 사람은, 상상도 못 해봤던 어려운 주문에도 어떻게든 답을 찾아낸다.

내가 생각해도 가끔은 '이런 일까지 내가 해내네!' 싶을 정도로 신기하게 답을 찾아낼 때가 많다. 내가 특별한 능력이 있어서 그 일들이 가능한 게 아니다. 결국은 '사랑'이다. 나는 이 일을 정말 사랑하고, 나를 믿어주는 내 고객을 실망시키고 싶지 않다. '오빠는 할 수 있잖아' 하는 연인의 눈빛에 사랑에 빠진 남자들이 별도 달도 따다 주겠다고 덤벼들듯, 나도 그런 사명감이 발동하는 것 같다.

나는 프로는 어떤 문제든 해결해내는 사람이라고 믿는다. 이 말인즉, 프로는 그만큼 그 일을 사랑하고 간절하게 답을 원하는 사람이라는 말이다. 조금 더 깊이 사랑하고, 조금 더 간절해져보라. 답이 보일 것이다.

5. 언제든 좋은 기운을 건네주는 사람이 된다

"사장님, 윤 이사입니다. 안녕하시죠?"

여느 때처럼 고객의 전화를 받으며 밝게 인사했더니, 수화기 너머 환하게 웃는 목소리가 들려왔다.

"역시, 씩씩해! 윤 이사 기운 받으려고 전화했어요."

급한 일도 아닌데 내 목소리 듣자고 전화하셨다는 것이다. 그런 분들이 종종 계시다. 어떻게 매일 그렇게 텐션이 좋으냐며 부러워하신다. 그러면서 통화하면 기분이 좋아진다고 하는데, 그런 말을 들으면 나 역시 기분이 좋아져 목소리에 더 힘이 난다. 나는 기본적으로 일하는 것이 즐겁다. 이게 목소리나 표정, 말투에 묻어 나오는 것 같다.

나를 처음 만나는 사람들에게서 공통되게 듣는 말이 있다. "기운이 좋으세요", "에너지가 느껴져요", "빛이 나요" 등등. 나는 새로운 사람을 만나면 설레고 호기심이 발동되니, 많은 대화를 하며 여러 질문을 퍼붓는다. 그리고 솔직하게 반응하고 표현하니, 상대도 유쾌해한다. 가식이 아닌 진심 어린 호기심과 리액션이 나오기 때문이다. 상대방도 내가 진심인 걸 안다.

깔끔한 인상이 모든 시작을 만든다

사람들은 기왕이면 목소리에 힘이 넘치고 태도에 기운이 넘치는 사람을 만나고 싶어 한다. 마찬가지로 외모에서도 신뢰가 느껴지는 사람에게 내 거래를 맡기고 싶어 하지 않을까?

나는 외모도 경쟁력이란 생각이 무척 강한 사람이다. 둔하고 어두운 인상보다는 빠릿빠릿하고 신속하게 일 처리를 할 것 같은 인상을 주는 사람에게 고객도 먼저 말을 걸고 싶어 할 것이다. 그래서 나는 평생 다이어트를 달고 산다. 왠지 날씬하면 행동도 빠를 것 같은 선입견이 들게 마련이라, 다이어트에 진심이다. 고기에 소주 먹는 걸 너무너무 좋아하고, 매운 음식도 좋아하지만, 그렇게 잘 먹으면서 다이어트도 열심히 한다.

2016년에 인생 최대의 몸무게 62킬로그램을 찍고 충격받아 2016년 6월부터 본격적인 다이어트를 시작했다. 당시에 19층인 집을 걸어 다녔고, 저녁에 퇴근하면 비가 오나 눈이 오나, 아파트 1층 필로티에서 줄넘기를 3천 개씩 했다. 한 달에 1킬로그램씩 빠졌고, 1년 만에 10킬로그램을 감량했다. 지금은 '유지어터'로 아침 먹고 저녁 약속 있는 날은 점심 건너뛰고, 약속 없는 날은 점심 겸 저녁으로 2~3시경 가볍게 식사한다. 일주일에 3회 이상은 운동하며, 아침저녁으로 몸무게를 잰다. 정말 피곤하게 산다.

더불어 피부와 머리, 옷차림에도 신경을 많이 쓴다. 처음 인상이 좋아야 두 번째, 세 번째 만남도 이어지기 때문이다. 처음 뵙는 고객분들이 종종 "미인이세요", "피부가 어쩜 그렇게 좋아요?", "너무 날씬하세요"라고 말씀하신다. 나조차도 한 번도 내가 예쁘다고 생각한 적이 없기에 미인이라는 칭찬이 어색하긴 하지만, 좋은 말을 들어서 나쁠 건 없지 않은가. 그리고 최소한 나는 고객들에게 좋은 인상을 주기 위해 노력하고 있고, 그것을 인정받는 것 같아 기분이 좋다. 또 내가 깔끔한 인상과 말끔한 차림으로 준비되어 있으면, 그만큼 자신감이 붙어 고객을 대하는 태도가 자연스레 달라진다. 물론 돈을 많이 써서 화려하게 명품으로 꾸며야 된다는 말이 절대 아니다. 나만의 결로, 내가 할 수 있는 선에서 노력하면서 바꿀 수 있는 건 정비해주면 좋을 것 같다.

기본 중에 기본이지만, 사람들이 쉽게 간과하는 것이 입 냄새다. 옷만 잘 차려입으면 뭐 하나. 입 냄새는 대화를 이어나가기도 어렵게 만든다. 사람을 대하는 영업직이라면 칫솔 세트는 반드시 구비하고 다녀야 한다. 오래전 세진컴퓨터랜드 시절, 특판영업팀이 만들어지면서 전국의 특판부를 대상으로 영업 교육이 진행된 적이 있다. 일주일 이상 수련원 같은 곳에서 집중 교육을 받았는데, 그때 강사님 강의 내용 중 잊히지 않는 것이 있다.

당시 국산 자동차를 세일즈하는 영업사원이 영업이 안 된다고 원인이 뭔지 모르겠다며 컨설팅을 받으러 왔다고 한다. "정말 열심히 하는데 뭐가 문제일까요?" 강사님이 열정적인 그 젊은 세일즈맨에게 처방한 것은 다름 아닌 휴대용 양치 세트였단다. 식사 시간 이후인 오후에 진행한 상담에서 강사님이 느낀 것이니, 고객들도 느꼈을 것이다. 속이 안 좋아 입냄새가 나는 사람이 있다면 이렇게 극복해보길 추천한다.

외모로 메시지를 전달한다

내가 처음 영업직으로 업무를 시작할 때만 해도 "여자가 무슨 영업이야?" 하고 폄하하던 시절이었다. 어디를 가나 여자 영업인은 나 하나였다. 그래도 나는 여성이라는 희소성을 긍정적으로 받아들이려고 애썼다. 그럼에도 요즘처럼 성인지 학습도 제대로 이뤄지지 않던 그 시절에는 여자라서 당해야 했던 기분 나쁜 일들도 많았다. 술자리에서는 옆자리에 앉히려고 하고, 술 한 잔이라도 더 마시게 하려는 일들 말이다.

그런 일들을 몇 번 겪으면서 나는 여성성이 부각되면 안 되겠다고 판단했고 바지 정장만 입기 시작했다. 그리고 머리는 숏컷으로 보이시한 이미지를 유지했다. 경쾌하고 낭랑한 목소리에 화통한 웃음소리 덕분인지 크게 불미스러운 일도 겪지 않았다. 그것도 운이 좋았다고 생각한다. 의지로만 해결할 수 없는 일들도 있으니까.

하지만, 오해받거나 폄하되지 않기 위해서는 어느 정도 스스로 선을 정해놓는 것도 필요하다. 옷차림이나 헤어스타일이 별것 아닌 거 같아도 상대에게 무언의 메시지를 줄 수 있다. 다소 중성적인 차림은 남성 고객도, 여성 고객도 경계 없이 편하게 대화할 수 있도록 만드는 것 같아, 내가 고수하게 된 스타일이다.

외모나 내가 가진 물건들로 만들어진 인상은 상대에게 메시지가 되어 전달되곤 한다. 사업을 하는 분들 가운데는 여유 있게 돌아가는 회사라는 것을 보여주기 위해 일부러 더 좋은 차를 타는 분들도 있다. 반대로 좋은 차를 두고도 거래처에 티 내지 않기 위해 그곳에만 소박한 차를 몰고 간다는 분도 있다.

처음 BMW 딜러로 일할 때, 나는 BMW를 타지 않았다. 홍보를 위해서 또는 감각을 직접 느끼고 싶어서 바로 그 차를 타는 딜러들도 있었지만, 그때 나는 조금 다른 생각을 했다. 자기한테 차를 파는 딜러가 같은 차를 타는 걸 좋아할까? 지금 같으면 이야기가 조금 달라지겠지만, 그때만 해도 나는 30대 초반이었다. 고객들도 젊은 층이다 보니, 10만 원이라도 더 깎으려고 나랑 실랑이하는 경우가 적지 않았다. 자신도 어렵게 사는 차를 젊은 딜러가 타고 다니는 모습이 좋아 보일 것 같지 않았다. 그때도 다른 딜러들은 BMW를 잘 타고 다녔지만, 나에게는 나름의 예의 같은 것이었다.

이것은 하나의 예일 뿐이지만, 사소한 것도 메시지가 되어 상대에게 전달될 수 있다는 것은 꼭 기억해야 한다. 그리고 자신이 목표한 방향에 맞춰 그 메시지가 전달될 수 있도록 외적인 모습도 가꿔나가기를 바란다.

6. 신뢰를 목숨처럼 생각한다

벨크리텍이라는 POS업체에 다닐 때, 회사는 구로디지털단지에 있었는데 우리 집은 성남이었다. 왕복 100킬로미터 이상 되는 먼 거리를 다니며 나는 단 한 번도 지각하지 않았다. 교통체증도 심한 구간이라 그것을 감안해, 5시경 기상하고 집에서 6시에 출발해 사무실에 7시 언저리면 출근해 있었다.

내 사전에 지각이란 없다. 직장 생활 어언 30여 년이 되고 있지만 지각은 단 한 번도 한 적이 없다. 근태는 기본 중에서도 기본이다. 특히 전날 회식 과음으로 늦는 일은 더더욱 해서는 안 될 일이다. 성실한 사람은 뭘 해도 잘한다. 물론 성실만으로는 시간이 다소 걸리겠지만, 딱히 사고는 안 치더라는 것도 많은 사람을 겪으며 확인했다. 회사를 옮기며 면접할 때면 나의 성실함의 지표로 꼭 이 부분을 이야기했다. 물론 고객과의 약속에서도 마찬가지다. 약속 시간에 늦거나, 일을 놓치는 경우는 없다.

일정이 생기면 당연히 핸드폰에 일정 기록은 기본이고, 처음 가보는 지역이면 내비게이션에서 미리 경로를 확인한 뒤 시간 안배를 한다. 이르게 가서 10분 정도는 기다려도 된다는 생각으로 좀 일찍 도착하는 편이다. 그래야 내 마음이 편하다. 영화를 보러 가고, 골프 라운딩을 갈 때도 미리 가서 편하게 마음을 다잡는 게 좋지, 딱 맞춰 가서 헐레벌떡 간당간당하면 마음이 불편하고, 뭐든 잘 안된다. 그러다 보니 정말 시간이 촉박할 때 식사를 거르는 건 비일비재하다.

우리 회사는 지문으로 출퇴근을 체크한다. 그래서 외부에서 바로 퇴근할 때는 메일로 보고해야 하는 등 여러 가지로 불편하다. 나는 임원이 된 지금도 어쩌다 외부에서 현지 퇴근을 할 때 원칙대로 메일로 보고를 한다. 같이 자리에 있던 고객들이 "이사님 정도 되는 데도 그걸 찍어야 돼요? 그냥 편하게 해도 되지 않나요?" 하고 묻는다. 물론 내 위치에는 조금 더 편한 자율이 주어지지만, 나는 그런 예외를 나 자신에게 두고 싶지 않다. 이제는 회사나 남에게 보이기 위해서가 아니라 나를 제대로 다잡기 위해서 근태를 철저히 관리한다. 태도가 정신을 지배하는 법이니까.

밟을 여지를 주지 않는다

"이사님처럼 잘하시면, 시기와 질투도 많지 않나요? 그런 건 어떻게 극복하세요?"

외부에 강의를 나갔을 때, 젊은 여성 직장인이 이런 질문을 했다. 나는 답했다.

"그냥 책잡힐 짓을 안 해요."

남들의 시선을 주목시키는 사람에게는 그만큼 꼬투리를 잡으려는 시선도 따른다. 영업직에서 드문 '여자'라는 입장이기에, 또 승승장구하며 남들보다 빠른 성과를 내는 입장이기에, 매의 눈으로 나의 실수와 오류를 찾아내려는 눈들이 많다. 이럴 때 가장 좋은 방어는 빈틈을 보이지 않는 것이다. 술자리를 좋아해서 종종 마시지만, 다음 날 새벽같이 출근해 있을 정도로 근태를 지키고, 직장 생활을 하며 어른들한테 잘하고, 차는 물론 잘 팔고. 이런 기본부터 지켜야 하는 것이다. 그리고 괜한 오해나 구설수가 있을 만한 일은 아예 시도하지 않는다.

자동차 영업 쪽에서는 다른 곳에서 계약한 것을 뺏어가는 일들이 많다. 예를 들면 A라는 고객이 나한테 계약했는데, 다른 딜러가 그분 배우자 이름으로 계약해서 그 건을 가져가는 일들이 상당히 많다. 편법이지만, 계약하고 해약하는 건 비일비재하니 그런 일도 수시로 벌어진다. 거꾸로 다른 곳에서 계약하고 나를 찾는 고객들도 많다. 한 곳에 계약해놓고도 혹시 더 좋은 조건을 받지는 않을까 하고 나를 찾아오는 것이다. 상담하다가 그 사실을 알게 되면 나는 정중히 거절한다.

"거기 계약해놓으셨네요."

"해약된다는데요? 저 이사님한테 사고 싶어서 왔어요."

"고객님, 죄송합니다. 저는 계약된 건 손 안 댑니다. 이번에는 거기서 하세요. 그리고 다음에 저 찾아주세요."

작은 이익을 얻으려고 이런 계약을 성사해봤자, '있는 년이 더 하네' 하는 소리나 들을 게 뻔하다. 하다못해 그런 것 하나에도 빌미를 주지 않고 원칙대로 임한다. 작은 균열이 오래 쌓은 공든 탑을 무너뜨리는 경우를 우리가 얼마나 많이 보는가. 높이 올라갈수록, 성과가 커질수록 그 사람을 지켜보는 우호적인 시선 못지않게 부정적인 시선으로 속속들이 뜯어보며 지켜보는 눈들도 많으니 더 조심해야 한다. '신독愼獨'이라는 고사가 있다. "홀로 있을 때에도 도리에 어그러짐이 없도록 몸가짐을 바로 하고 언행을 삼감"이라는 의미다. 남의 질투나 시기를 의식하는 것을 넘어, 나 스스로 부끄러운 행동을 안 하고자 원칙을 지키다 보면 그 자체로 당당해진다. 그것이 나의 힘이다.

잘하는 사람의 노하우를 적극적으로 배운다

잘하는 사람이 있으면 그의 노하우를 배워야 한다. 어깨너머로 배우든, 쫓아다니며 물어보든 나보다 어린 사람한테도 배울 게 있으면 배워야 한다. 부끄러울 게 뭐 있나? 자존심은 그런 때 세우는 게 아니다.

최고 인기 매장에 오고 보니, 날고 기는 잘하는 사람들이 많았다. 그들은 각자의 노하우를 가지고 판매고를 올리고 있었다. 나는 그들을 지켜보며 벤치마킹했다. 워낙 선수들이 많았기 때문에 배울 것도 많았다. 그런 조건이 너무 좋았다. '잘하는 사람들이 저래서 잘하는구나' 싶었다. '당직 계약의 신'이라고 불리는 판매왕 선배가 상담할 때는 괜히 옆에 서 있으며 어떻게 하는지 귀를 쫑긋하고 들었다. 우리 전시장의 전무님은 영업만으로 관리직 전무가 되신 분으로, 내가 롤 모델로 삼고 있는 분이다. 2000년대 초반, 남들이 1년에 30대씩 팔 때 혼자 100대 넘게 팔던 전설적인 분이다. 이분이 일하는 모습을 보면서도 많이 배웠다. 실력이 확실한 분들은 열심히 배우려는 후배를 경쟁자라고 인식하며 배제

시키지 않는다. 덕분에 나도 함께 성장할 수 있었다.

　나는 잘하는 선배들의 노하우를 가져다 쓰면서 한 단계씩 업그레이드했다. 이 사람은 이걸 하고 있고 저 사람은 저걸 하고 있다는 것을 발견했는데, 그들의 장점을 하나씩 끌어와서 모두 내 것으로 만들었다. 어디에나 가장 잘하는 사람이 있다. 새로운 분야에서 성장하고 싶다면, 바로 그 분야에서 잘하는 사람을 벤치마킹해야 한다.

　무엇을 배울 것인지, 목표하는 것에 따라 나의 벤치마킹 상대가 까마득하게 어린 후배가 될 수도 있다. 그런 것을 두려워할 필요가 없다. 우리 업계에서도 갑자기 튀어나오는 루키들이 있다. 그러면 주위에서는 폄하를 한다. "걔, 아마 엄청 밑지면서 파는 걸거야." 그런 말을 하는 사람은 대부분 더 못한다. 나는 그런 직원이 눈에 들어오면 직접 물어본다. "어떻게 이렇게 잘해?", "이건 어떻게 하는 거니?" 그러면서 그의 노하우를 배운다.

　벤츠 판매 초창기에 다른 매장에 있던 잘 파는 것으로 소문난 여자 차장님이 계셨다. 나는 그분을 찾아가서 직접 물었다. "차장님은 어떻게 그렇게 잘 파세요?" 식사 자리를 마련해 본격적으로 이것저것 물었던 적이 있다. 이분도 자신의 노하우를 나눠주는 데 인색하지 않았다. 당시 나는 이른바 떠오르는 신예였는데, 경계 없이 선뜻 만나 자신의 이야기를 다 해주시는 데 놀랐고 고마웠다. 사실 그 자리에서 들었던 판매 노하우는 그다지 인상적이지 않았지만, 정작 나를 놀라게 했던 건 다른 데 있었다. 그분 역시 배우려는 사람이었다는 점이었다.

고객 관리에 대한 화제가 나왔을 때, 나는 구글을 이용한다고 했더니 그분은 몰랐다며 어떻게 하는 거냐고 자세히 물어왔다. 당시에 나보다 훨씬 더 잘 파는 사람이었는데도 나한테 스스럼없이 물어보고 배우려 했다. 거기서 그쳤다면 감동까지 하진 않았을 것이다. 목요일에 만났는데 다음 월요일에 그분으로부터 전화가 왔다.

"알려주신 대로 리스트를 만들었는데, 이게 왜 핸드폰에서는 다 안 보이죠?"

입력한 내용이 많으면 핸드폰으로 다 보이지 않는 경우가 있는데, 그것을 발견할 정도였으면 이분은 주말 동안 자신의 수많은 고객 목록을 정리했던 것이다. '아, 이 사람은 바로 실천하는구나. 이게 이 사람의 저력이구나!' 소름이 쫙 끼쳤다. 그때 나는 큰 자극을 받았다. 잘하는 사람은 역시 뭐가 달라도 다르다는 걸 느꼈다.

꾸준함과 성실함은 초강력 무기다

그런데 배우는 것보다 더 중요한 건 실천이다. 또 실천보다 더 중요한 건 꾸준한 실천이다. 눈이 오나 비가 오나 변함없이 어떤 일을 해내는 사람은 드물다. 바로 그 변함없는 꾸준함이 곧 성실함의 증명이고, 초강력 파워가 된다. 감사하게도 내 특기는 꾸준함과 성실함이다. 남들이 하는 것들을 배워서 가져다 썼지만, 나는 그것을 처음에 실천한 사람보다 더 오랫동안 꾸준히 해낸다. 그래서 선배들을 뛰어넘어 임원으로 승진할 수 있었다. 특히 영업이라는 일은 꾸준함과 성실함에 끝판왕이다.

귀는 열고 입은 무겁게 한다

많은 고객들과 차와 관련된 이야기 외에 수많은 대화들을 나눈다. 그러다보면 그분의 개인적인 사정까지 알게 된다. 집안 대소사부터 친한 지인 얘기, 여자친구, 남자친구 이야기까지. 나의 장점을 발휘해 궁금한 걸 많이 여쭤보는데 처음에는 경계를 하지만 차츰차츰 내 얘기도 드러내다 보면, 그분들도 깊은 이야기까지 털어놓는다. 생각지 못했던 이야기를 듣고 당황스러웠던 적도 있지만, 살아가는 이야기니 드라마보다 더 재밌는 것도 많다.

감히 내가 조언하기 어려울 때는 공감하며 진심으로 이해하고 위로해드리기도 한다. 간혹 정말 비밀스러운 얘기를 하면 "어디 가서 말씀하심 안 돼요" 하시는데, 그건 당연한 이야기다.

"저는 고객님하고 한 이야기는 절대 다른 데서 얘기하지 않으니 걱정 마세요. 의사나 변호사가 환자나 고객의 비밀을 지켜야 하는 법이 있는 것처럼, 윤미애한테도 그런 법이 있어요. 절대 안 새 나갑니다."

작은 대화 하나에도 신뢰가 지켜질 때, 관계의 신뢰도 쌓이고 오래 지속된다.

7.   거절한 사람도
다시 찾는 사람이 된다

어느 틈에 '윤미애=알잘딱깔센(알아서 잘 딱 깔끔하고 센스 있게)'
이라는 공식이 고객들에게 입력된 것 같다. 앞에서 언급한 여러
노하우들이 있지만, 핵심은 시스템과 성실이다.

초기부터 나름의 시스템을 만들었고 조금씩 발전시켜왔다. 기
존에 엑셀파일로 관리하고 종이에 수기로 작성하던 일을 종이를
스캔해서 파일화 했고, 구글 주소록 동기화 작업으로 언제나 휴대
폰으로 고객 정보를 확인할 수 있게 했다. 매월 하는 업무 루틴을
만들고 다음의 리스트는 항상 지켜왔다.

- 매월 1일 출고 고객, 매월 초 가망고객 SMS
- 매월 초 출고 고객, 가망고객 DM(우편물) 발송
- 매년 정기 점검, 리스 만기, 자동차 보험 갱신 안내
- 모든 업무 시스템화 (고객 정보, 지출 내역, 각종 양식 등)
- 모든 차량 정보 스캔하여 외장하드 보관 (재구매 및 중고차 정리 시 필요)

이런 노력 속에서 이사라는 자리를 유지하며 현재 벤츠 유일의 여성 이사라는 명예도 안게 됐다. 그러나 이렇게 화려한 이력을 가진 나도, 많지는 않지만 이른바 '갑질'에 힘들었던 적이 있다. 고객을 상대하는 모든 업종에서 느껴봤을 그 '갑질'을 잠깐 풀어보겠다.

이거 도로 가져가!

BMW 영업 초기였다. 고객들을 위해 명절 선물을 돌리기 위해 2만 원짜리 비누 세트를 준비했다. 받는 사람한테는 별것 아니지만, 100명에게 보내야 하는 나에게는 꽤나 부담이 되는 일이었다. 그래서 마트에서 맞춰서 일괄 발송했다. 얼마 후 고객으로부터 전화가 왔다. 좋은 분위기에서 출고한 고객이라 반가운 마음에 전화를 받았다.

"사모님, 안녕하셨어요?"

수화기 건너편에서 날카로운 고성이 들렸다.

"무슨 이런 걸 선물이라고 보내고 있어. 귀찮으니까 와서 가져가요!"

예상도 하지 못했던 말에 너무나 당황스러웠다. 나는 연신 "죄송합니다. 사모님, 제가 수거하겠습니다" 하고는 그 집까지 가서 도로 가져왔던 일이 있다. 그 이후로는 선물을 보내지 않고 있고, 사은품 하나를 만들 때도 많이 고심해서 만든다. 고객은 고객이니까.

세일즈 인생 처음으로 고객을 포기했다

이미 출고한 차를 안 받겠다고 인도 거부를 한 고객이 있었다. 그동안 차도 4대나 사주신 가깝다면 가까운 고객이었다. 처음에는 내부 모니터가 꺼졌다 켜진 게 문제였다. 그러나 요즘 차에는 전자제어가 많아 그런 경우가 종종 있다. 그런 차는 다시 진단기로 점검을 다 하는데, 문제가 없다고 판명됐다. 그리고 다시 모든 게 정상 작동됐다.

"사장님, 정상입니다. 일시적 현상이었습니다."

벤츠를 많이 타보신 분이라 이런 일시적인 현상에 대해서도 알고 있는 분인데, 그날은 완강하셨다.

"차 못 받으니까 가져가!"

차 번호판을 한 번 달면 바꿀 수 없다는 것도 잘 아시는데도 막무가내였다. 상세히 설명드리고 이해를 시켜드리려고 했지만, 들으려고 하지 않으셨다. 결국 나는 차 옆에서 그분께 무릎을 꿇다시피 받아달라고 매달렸다. 그래도 꿈쩍 않으시자, 지켜보던 사모님이 안타까워하며 "윤 이사 제발 들어오게 해요" 하고 달랬는데도 끝내 안 받아주셨다. 나는 밖에서 무릎을 꿇다시피 한 채 4시간 이상 있었지만, 결국 돌아올 수밖에 없었다. 2시간 동안 차를 운전해 오면서 많은 생각을 했다.

'그래, 내가 진심으로 대하고 그렇게 잘해드렸어도, 당신 생각만 고집하시는구나.'

나는 더 이상 노력할 여력을 잃었다. 그리고 그분을 포기하기로 했다. 그동안 아무리 어려운 손님이어도 포기한 적이 없다. 포기한다는 의미는 그분에게 보내던 모든 연락도 중단하고, 나 역시 그분의 연락처를 차단한다는 의미다. 결국 우리의 인연은 여기까지라는 뜻이다. 나는 다른 팀장에게 그분 관련 모든 자료를 넘겼다.

수입차 세일즈를 하며 가장 충격을 받았던 순간이었다. 처음 본 고객도 아니고, 무척 친했던 고객인데. 사모님하고는 언니, 동생하고 부르는 사이인데 이게 무슨 일인지. 그동안 모든 주문을 'No'라는 말 한마디 없이 해결해주던 윤미애가 'No'라는 말을 했던 게 싫으셨나 보다. 나중에 차를 바꿔드렸더니 처음 그 차가 더 났더라는 말을 하셨다는 걸 보면, 차 자체가 문제가 아니었을지도 모르겠다.

이 고객은 원래 출고하기로 한 날보다 하루 앞당겨 차를 받겠다고 하셨다. 내가 가지고 가려고 약속했던 날에는 스케줄을 빼놨지만 그 전날에는 일이 있었기 때문에 직원 편에 차를 보냈다. 물론 이런 사정도 다 미리 말씀드렸던 것이다. 아마 고객은 언제나 당신이 1순위가 아니었다는 데에서 화가 나셨을지 모르겠다.

이때 처음으로 나는 수년간 지켜오던 DM 발송을 중단했다. 충격으로 다른 고객들에게 하는 내 모든 작업들에 회의가 들었다. '이렇게 열심히 해봐야 고객들은 알아주지 않는구나' 하는 마음에 서운했다. 단순히 물건을 판매하는 게 아니라, 모든 고객을 나와 관계를 맺는 것으로 생각하고 진심을 다해왔기에 상처가 정말 컸다. 딱 두 달간 DM 발송과 문자 전송을 쉬었지만, 다시 시작하게 됐다. 마음이 상했을 뿐, 결국 내가 틀렸던 게 아니라는 걸 깨달았고, 그냥 내가 하던대로 하기로 했다.

그리고 1년 뒤 그분이 다시 나를 찾으셨다. 전화번호가 차단돼 있어 내게 전화해도 받지 않으니 우리 회사 전무님을 통해 연락해 오셨다. 전무님에게 "차를 사려는데 윤 이사가 전화가 안 돼"라고 하셔서, 전무님은 다른 잘하는 직원을 소개해드리겠다고 했는데, 그분이 이렇게 말씀하셨단다.

"아니야. 나는 윤 이사한테 살 거야."

그 말을 전해 듣고 1년 만에 그분께 전화를 드렸다. 그랬더니 넉살 좋게 농담까지 하셨다.

"너는 사람이 그럴 수도 있지, 전화를 안 받을 건 뭐냐. 차 파는 사람이 전화도 안 받고 삐지면 어떡해."
"사장님, 그러시면 안 돼요. 제가 그때 얼마나 힘들었는지 아세요?"

다시 나를 찾아주셨다는 데에서 나는 이미 서러움도 속상함도 잊었고, 다시 과거의 관계로 돌아가 있었다. 나는 그동안 맺혔던 걸 다다다다 털어놓았고, 고객님도 껄껄 웃으면서 다 들어주셨다. 그리고 바로 차 한 대를 계약하셨다.

'이런 맛에 내가 세일즈를 하는구나' 뼈저리게 느꼈던 순간이다. 나를 내쳤던 사람이 자존심을 굽히고 다시 손을 내미는 존재,

그런 존재가 되었다는 데에서 뭉클함도 올라왔다.

누구나 그렇겠지만, 나는 인정욕구가 강하다. 잘하는 사람으로 인정받고 싶고, 최고로 인정받고 싶다. one of them이 아니라 only one이 되고 싶다. 누구라도 내 자리를 대신할 수 있는 사람이 아니라, 대체 불가능한 사람이 되고 싶다. 그 방향으로 지금껏 노력해왔고, 종종 이렇게 내 노력이 틀리지 않았음을 확인받는 순간이 있어 기쁘다. 결과가 좋으면, 그동안 스쳐 간 속 쓰린 경험들도 다 사소한 일들로 묻혀버린다.

'대체 불가능한 사람 되기.' 어떤가? 이런 목표. 작게라도 그 순간을 확인할 때 정말 짜릿하다. 경험해보시길. 그 힘이 분명 더 높이 뛰어오르게 할 에너지가 될 것이다.

나는 프로는 어떤 문제든

해결해내는 사람이라고 믿는다.

이 말인즉, 프로는 그만큼 그 일을 사랑하고

간절하게 답을 원하는 사람이라는 말이다.

조금 더 깊이 사랑하고, 조금 더 간절해져보라.

답이 보일 것이다.

PART **2**

지독하게
산다는 건

3장

인생의 판을

바꾸고 싶었다

흙수저도 아닌
무수저

2024년 미국 대선에서 도널드 트럼프 대통령의 러닝메이트로 지명돼 미국 부통령이 된 J. D. 밴스는《힐빌리의 노래》라는 책의 저자로도 유명하다. 예일대 로스쿨을 나와 실리콘밸리에서 투자 회사를 운영하고 40세의 젊은 나이에 부통령의 자리에 오른 밴스는 '금수저'라고 오해받을 만한 이력을 지니고 있지만, 사실은 '흙수저'에 '개천용(개천에서 나온 용)'이다. 그는 쇠락한 중서부 공업 지대인 러스트벨트Rust Belt 출신으로, 친척 중에 대학에 간 사람도 거의 없고, 실업자와 가난이 익숙한 동네에서 자랐다.

간호사로 일하는 어머니는 약물 중독자로 간호사협회에서 진행하는 약물 검사 때면 당당하게 아들의 소변을 받아 가는 사람이었다. 밴스의 친아버지는 일찌감치 가족 곁을 떠났고, 이후로는 몇 개월마다 바뀌는 어머니의 남자 친구 집으로 이사 다녀야 했다고 한다. 엄마와 남자 친구가 폭력적으로 싸우는 모습을 보는 건 일상이었으며, 그는 엄마 남자 친구의 자식들까지 형제로 치자면 형제 숫자가 헤아릴 수 없을 정도라고 표현한다. 그런 환경에서 다행히 공부를 계속할 수 있었던 건 "빌어먹을 낙오자처럼 살지 말거라. 네가 하고 싶은 일이라면 뭐든 할 수 있단다" 하고 이끌어준 외할머니와 외할아버지 덕분이었다.

밴스의 어린 시절 환경이 나에겐 어쩐지 낯설지 않았다. 나 역시 지독한 가난과 평탄치 않은 환경을 지닌 가정에서 자랐고, 패배주의에 물든 이웃과 친구들 사이에서 대학은 꿈도 꾸지 못하던 분위기 속에 살았다. 그러나 미래도 없이 하루하루 보내던 나에게 가능성을 일깨워준 고마운 어른도 있었고, 예기치 못한 곳에서 기회가 열리기도 했다. 그리고 무엇보다 나 자신이 '다른' 삶을 살고 싶다는 열망을 품게 되면서 삶의 방향이 달라졌다.

지금껏 나보다 어렵게 살아온 사람을 만난 적 없다

세계 1등 하는 벤츠 전시장에서 영업 전문 이사가 되고 200억 대 자산을 지닌 나의 배경을 오해하는 분들이 종종 있다. 부모님께 물려받은 재산이 많거나, 돈 많은 시댁을 만났다거나, 벤츠 한

136

대 팔면 큰돈을 남기는 줄 안다. 절대 그렇지 않다. 피나는 노력으로 누구보다 지독하게 열심히 살아 여기까지 왔다.

아주 어렸을 때는 우리 집 형편이 그렇게 나쁘지 않았던 것 같다. 부모님은 성남의 성호시장이란 곳에서 오랫동안 장사를 했는데, 실질적으론 엄마가 악착같이 가게를 꾸려왔다. 위로 오빠 둘, 언니 하나 그리고 여동생까지 5남매였던 우리는 불편함 없이 잘 지냈다. 그러다 엄마가 신장염을 앓게 되면서 장사를 제대로 할 수 없었고, 혈액투석을 해야 했기에 계속 빚이 쌓였다.

내가 초등학교 5학년이던 해 여름, 엄마가 돌아가셨다. 나는 너무 철이 없었다. 엄마 장례식장 입구에서 동생과 가위바위보를 하며 계단 타는 놀이를 했고, 친척들이 찾아와 우리를 안타깝게 바라볼 때도 그게 무슨 의미인지 못 느낀 채 천진난만하게 '친척들이 많이 오네'라고만 생각하고 놀았다. 지금도 마음 아픈 건, 엄마가 땅속에 묻힐 때도 눈물 한 방울 흘리지 못했다는 사실이다. 어린 마음에 그게 부끄러웠던지, 아니면 엄숙한 어른들 분위기에 눌려서 그랬던 건지 울지 못했다. 너무 가슴 아픈 기억이다. 훗날 어른이 돼서 아버지 장례를 치를 때도 나는 눈물을 흘리지 않았다. 엄마 때와 전혀 다른 이유로 눈물이 나오지 않았다.

생계를 도맡았던 엄마가 돌아가시면서 집안이 풍비박산 났다. 돈 버는 일은 엄마가 전부 해온 터라, 능력 없는 아빠는 어린 우리를 데리고 야반도주를 했다. 멀리 간 것도 아니고 바로 옆 동네였다. 그렇게 눈 가리고 아웅하면 안 들킬 줄 알았던지 아빠는 이불을 싸는 빨간색 큰 보자기에 옷가지를 담아 등에 메고, 양손에 나와 동생 손을 잡은 채 깜깜한 밤길을 걸어 옆 동네로 갔다. 언니는 보따리를 들고 뒤따라 걸어왔고, 오빠들은 나중에 찾아왔다.

아빠와 우리 5남매가 이사한 집은 쓰러져가는 판잣집이었다. 화장실도 집 밖에 있는 공동 화장실을 써야 했다. 불법으로 지은 무허가 주택이었던지, 지붕에는 금방이라도 쓰러질 것 같은 판자가 얹혀 있었고, 옆집 옥상에서 우리 집이 훤히 내려다보였다. 큰방에서 아빠와 딸 셋이 잤고, 작은 쪽방에는 오빠들이 잤다. 사춘기가 된 오빠들은 수시로 가출했는데, 오빠들이 집을 나가면 그 방을 쓸 수 있는 게 마냥 좋았다.

7명의 엄마, 봉제 공장과 야간학교

아빠는 유복한 환경에서 자랐다고 들었다. 우체국장 아버지에 산부인과 의사 어머니를 둔 외아들로 태어나 풍족하게 살아왔다고 한다. 한동안은 재산도 있었던 것 같다. 친구 좋아하고 남자답고 매너 좋고 돈 잘 쓰고 구김살도 없어서 주변에 사람이 늘 많이 따랐다. 그중 절반이 여자였던 게 문제였지만. 수려한 외모에 특전사까지 나온 상남자 스타일이라 여자들한테도 호감을 샀나 보다. 한 번은 시장 상인들의 야유회에 바쁜 엄마 대신 언니가 아빠랑 간 적이 있다. 그날 밤 언니가 돌아와 잠자리에서 나한테 말하길, 아빠는 가만히 있는데 아줌마들이 와서 그렇게 말을 걸고 먹을 것을 갖다주며 잘해줬다고 한다.

이유야 어찌 됐든 엄마가 살아계실 때부터 아빠 주변에는 여자들이 많았다. 버젓이 아내가 있는데 늘 애인도 있었다. 적어도 7명쯤은 되는 아빠의 여자들을 우리도 다 알고 있었다. 아예 애인한테 집도 해주며 두 집 살림을 한 적도 있다.

엄마가 돌아가시고 그 아줌마와 대놓고 왕래하며 살았는데, 그러면서도 다른 아줌마들도 만나고 다녔다. 우리가 살던 동네에서는 다른 집들도 그런 일이 꽤나 있는 편이어서, 한 집 걸러 부인이 둘인 아저씨들을 보고 자란 덕인지 큰 거부감도 없었다. 살아생전 엄마는 여자 문제로 아빠와 싸우고 우는 것이 일상이었다. 요즘 같으면 상상도 못 할 일을 하면서도 아빠는 '남자가 그럴 수도 있지' 하는 생각으로 사셨던 분이다. 물려받은 재산이 있고 열심히 일하는 부인 덕분에 그런 한량 같은 생활이 가능했다는 것도 깨닫지 못했던 것이다.

엄마가 돌아가신 후 이사 간 판잣집에 어느 날 젊은 아줌마가 들어왔다. 아빠는 그분한테 엄마라 부르라고 했다. 그분은 파출부 일을 하며 아빠와 우리를 보살펴줬다. 중학교에 들어가기 직전이던 때였다. 아빠는 서울 개포동 어디쯤에서 좌판에 건어물을 놓고 장사를 해 어렵게 생계를 꾸렸다. 우리 집이 제일 힘들었던 때였다. 쌀이 떨어져 새엄마가 밀가루로 만들어준 수제비로 매 끼니를 때우던 그때, 내가 쌀의 소중함에 대해 썼던 일기가 기억난다.

새엄마는 중학생도 취직이 되는 일자리를 알아 왔고, 소개받은 공장에 언니와 내가 방학마다 다녔다. 그 월급을 받아 다음 학기 등록금을 내며 중학교를 마칠 수 있었다. 고등학교에 진학할 때는 사정이 더 어려워졌다. 학비도 더 비싸 우리 집 형편으로는 포기해야 하는 상황이었다. 그러던 중 성남에 성보여자상업고등학교라고 낮에 일하고 밤에 공부할 수 있는 산업체고등학교를 알게 돼 그곳에 진학하게 됐다. 한 반에 50여 명씩 전교생이 약 300명이던 학교였다.

당시에는 생활이 어려운 학생들이 많았던지, 나 같은 사정을 지닌 친구들이 많았다. 비슷비슷한 처지의 사람들과 어울리다 보니 그 상황을 불행으로 느끼지도 않았다. 다만, 가슴이 아릿해지는 순간은 있었다. 아침에 출근해 일하다 공장에서 제공하는 점심 식사를 한 뒤, 그때는 '하드'라 불렀던 식당에서 주는 아이스크림을 먹으면서 햇볕을 쬐며 공장 밖에 앉아 있던 시간이 우리에게는 유일한 휴식 시간이었다. 그런데 그 시간은 일반 중고등학교 하교 시간이었다. 교복 입은 학생들이 가방 메고 하교하는 모습이 너무나 부러웠다. 그렇게 지극히 평범한 일상조차 당시의 나에게는 주어지지 않았었다.

나는 항상 친구가 많았다. 성인이 돼서는 영업이라는 분야에서 왕성하게 활동해온 덕분에 지금도 연락하고 만나는 동창과 지인들이 많다. 그런데 유일하게 고등학교 시절 친구만 없다. 아마도 인생에서 제일 힘든 시기였기 때문이 아닐까. 조금씩 철이 들면서 세상을 알게 됐고, 어려운 형편을 감당하기도 힘들어 친구를 둘 마음의 여유가 없었던 것 같다. 이후 그 아이들과 내가 선택한 진로의 방향이 너무나 달랐던 것도 이유 중 하나일 것이다.

존재감 없던
둘째 딸

5남매 중 넷째 딸로 자란 나는 존재감이 없었다. 부모님은 오빠들은 아들이라고 챙겼고, 언니는 장녀라 챙겼고, 막내는 존재만으로 귀여운데 예쁘게도 생겨서 유독 챙겼다. 관심을 주는 사람 하나 없고, 내 말에 귀 기울여주는 사람 하나 없던 게 어린 나이에도 힘들었던가 보다. 초등학교 2학년 때 내가 발작하며 거품을 물고 쓰러져 엄마, 아빠가 놀라 병원에 업고 뛰어간 적이 있다. 그 순간이 아직도 또렷하다. 하얀 가운을 입은 할아버지 의사 선생님이 나를 보더니 부모님께 물었다.

"얘, 하고 싶은 말 못 하게 해요? 자기 할 말 못 해서, 화에 못 이겨서 이러는 거예요."

형제들한테 치이고, 내 말을 들어주는 사람이 없으니까 몸으로 폭발했던 거다. 그 후로 부모님이 내 말을 조금 들어주시기는 했지만, 그보다 내가 알아서 환경에 적응하며 자랐던 것 같다.

IQ 98인 사람이 배우고 또 배우면

초등학교 저학년 때 학교에서 IQ 테스트를 했는데 98이 나왔다. 반 아이들 중 3분의 1 정도는 나랑 비슷하게 100 미만이었던 것 같긴 하다. 그래도 100을 넘는 아이들이 더 많았다. IQ가 98이라는 게 어떤 의미인지는 고학년쯤에 인지하게 됐다. 남들보다 머리가 나쁘다면 모자란 만큼 노력을 더 해야겠다고 생각하게 된 것도 그즈음이다. 그래서 메모를 열심히 하기 시작했다. 기억해야 할 일들을 꼬박꼬박 메모하고, 매일 열심히 일기를 쓰던 것이 몸에 밴 습관이 되어 지금 스케줄 관리의 기초가 됐다. 결핍이 자산이 될 줄 그때는 몰랐다.

형제 많고 재산이 없는 집의 가운데 아이들이 원래 눈치가 빠르다. 일종의 생존본능이랄까. 살아남기 위해 나에게도 일찌감치 상황 판단력이 길러진 것 같다. 생존을 위해 자연스레 길러진 감각은 훗날 세일즈라는 분야에서 큰 도움이 됐다. 사회생활을 하면서도 나는 빠르게 상황을 판단하고 상대를 잘 관찰하여 그들이 필요로 하는 것을 금세 알아차렸다. 끼어들 때와 빠져야 할 때를 잘 알았고, 직진해야 할 때인지 돌아가야 할 때인지도 감각적으로 알았다. 상대에게 스스럼없이 다가가면서도 정확히 선을 지킬 줄 아는 나의 강점도 이런 이력에서 나온 것 같다.

규율을 잘 지키는 습관도 어릴 적 환경에서 비롯된 듯하다. 지각, 결석 안 하는 건 당연했고 학교에서 하라는 것은 뭐든 열심히 했다. 체벌도 많았던 시절인데, 중학교 2학년 과학 시간에 전체 체벌할 때 딱 한 번 맞아본 것 외에는 맞아본 적도 없다. 해야 한다고 정해진 것은 반드시 했고, 하지 말라고 하는 것은 절대 하지 않았다. 오빠들은 학교에 잘 가지 않고 가출도 했는데 돌아오면 아빠한테 많이 맞았다. '저렇게 하면 맞는구나'를 학습했던 나는 그럴 일을 아예 만들지 않았고 덕분에 한 번도 안 맞고 자랐다. 머리가 나빠서였는지, 시키면 시키는 대로 해야 하는 줄 알았다.

여섯 살 때인가, 꼬마였던 내 무릎이 푹 빠질 만큼 눈이 엄청나게 왔던 해였다. 두 오빠와 언니는 신나게 눈 속에서 눈싸움을 하고 썰매를 탔다. 어린 나를 집 앞에 있으라고 하고는 시간 가는 줄 모르고 놀았다. 나는 시키는 대로 집 앞에서 오빠들이랑 언니가 노는 걸 두 시간 넘게 그냥 보고 있었고, 끝내 동상이 걸렸다. 어린아이의 발이 그 차가운 눈밭에 몇 시간이나 있었으니, 빨갛게

얼어붙은 것이다. 엄마는 나를 업고 동상에 좋다는 처방을 찾아 이곳저곳을 다니며 안 해본 것이 없었다. 마른 마늘 줄기를 끓인 물에 발을 담그기도 했고, 용하다는 한약방에서 가져온 한약에 발을 담그기도 했다. 오만 군데를 다니며 효험 있다는 처방을 다 가져다 엄마가 내 발을 살리셨다. 그래도 후유증이 남아 지금도 오른쪽 엄지발가락 발톱이 세모로 자라고 있고, 발뒤꿈치에는 흉터도 남아 있다. 그 이후 겨울만 되면 갖은 방한용품을 나부터 사줬던 기억이 난다. 그나마 엄마가 살아계실 때의 얘기다.

아빠에게 처음으로 받은 칭찬

어려운 시절이었지만 나는 천성이 밝았다. 중학교 때 버스비가 없어 상당히 먼 거리를 걸어서 통학하면서도 밝게 학교생활을 했다. 학교 가는 것도 재밌었다. 중학교 2학년 때는 체육대회에서 사회도 보고 오락부장도 했는데, 그때도 사람들 앞에 서는 게 즐거웠다.

중학교 시절까지 공부에는 관심이 없었다. 주위의 친구들도 나쁜 아이들은 아니었지만, 술이나 담배까지 하는 이른바 '노는' 친구들이어서 공부와는 거리가 멀었다. 그러다 야간에 다니는 산업체고등학교에 진학했는데, 1학년 첫 중간고사 때 반에서 5등을 한 것이다. 특별히 공부를 많이 한 것도 아니라서 나는 좀 어리둥절했다. 그런데 성적을 보고 아빠가 너무 좋아하면서 짜장면까지 사주시는 게 아닌가. 당시 우리 집에서는 아주 특별한 일이었다. 관심도 못 받던 내가 처음으로 관심받고 칭찬을 받은 건데, 그 기분이 정말 좋았다. 그렇게 칭찬과 관심을 한번 받고 나니 흥이 났다. 그때부터 공부를 시작했고 줄곧 성적 우수자로 뽑혔다. 고등학교 졸업식 때는 대표로 선서도 하고 상장을 6개나 받는 모범 학생이 되었다.

제일 마지막에 함께 산 새엄마와 우리 집이 합치며 그 집 3남매와 우리 5남매까지 전체 8남매가 되었을 때는 비교도 심했다. '이쪽 집 애들은 잘하는데 너희는 왜 이래!' 하는 말을 수없이 들었다. 아빠랑 새엄마가 그런 일로 싸우는 경우도 많았다. 그런데 그 중에서 내가 공부를 제일 잘했다는 게 아마 아빠의 자존심을 세워드렸던 것 같다. 어렵게 공부해가며 나는 나중에 대학원까지 갔는데, 대학원을 졸업할 때 아빠가 너무 좋아하셨던 기억이 난다. 석사모를 한번 써보자고 하시며 환하게 웃으셨다. 새엄마의 눈치 때문에 끝내 졸업식에는 오지 않으셨지만.

아빠는 늙고 병든 몸이 되어 새엄마한테도 버림받으셨다. 언니랑 내가 일하며 한동안 그 집에 생활비를 대드렸는데, 우리도 결혼하면서 뚝 끊어버리니 바로 '팽' 당하셨다. 당신이 마련해준 집에서 쫓겨나버린 것이다. 새엄마는 언니한테 아빠를 모셔가라고 통보까지 했다. 외면하고 싶었지만, 언니의 성화에 아빠 전세방

비용을 마련해드리고 병원비와 요양원 비용을 대드렸다. 간병은 언니가 열심히 하고 나는 돈을 댔다. 말년에는 요양원에 계시다 돌아가셨는데, 장례까지 치러드리고 나니 홀가분해지기도 했다.

고객으로 만나 친하게 된 언니와 막걸리에 파전으로 낮술을 할 때였다. 막걸리에 파전이 괜찮냐고 하길래, "저 다 잘 먹습니다" 하고 먹으러 갔다. 사실 나는 굉장히 가리는 음식도 많고 편식이 심하다. 그래도 상대가 권할 때는 '가리지 않고 먹는다'라고 말한다. 막걸리를 한두 잔 마시며 파전을 먹을 때, 내가 파를 골라내며 먹었더니 그걸 보고 언니가 말했다.

"윤 이사, 되게 귀하게 컸구나. 편식하네."

나는 쓴웃음을 지으며 답했다.

"아니에요. 저 흙수저도 아니고 아예 수저 자체가 없어요."

그리고 내가 살아온 이야기를 터놓았다. 언니는 이야기를 다 듣더니 눈물이 난다며, 그런 환경에서도 잘 자랐다고 위로해줬다.

"저는 아빠를 되게 싫어했어요. 지금도 눈물 한 방울 안 나요."

내가 아빠에 대한 원망 어린 마음을 드러냈을 때 언니가 생각지도 못한 이야기를 했다.

"그때 아빠가 윤 이사랑 동생 손 안 잡고 그냥 도망갔으면 어쩔 뻔했어? 그래도 챙기셨네."

그때가 처음이었다. 내가 아빠 입장을 생각해본 순간이. 아빠에게는 줄줄이 달린 아이들을 보육원에 맡기고 도망가는 선택지도 있었다. '부모로서의 책임감을 아예 외면한 사람은 아니었구나' 하고 아빠를 다시 생각하게 됐다. 불교도인 나는 그때까지 절에 엄마만 모셨는데 그 후로 아빠도 함께 모시고 있다. 핏줄이란 게 뭔지.

메모를 열심히 하기 시작했다.

기억해야 할 일들을 꼬박꼬박 메모하고,

매일 열심히 일기를 쓰던 것이 몸에 밴 습관이 되어

지금 스케줄 관리의 기초가 됐다.

결핍이 자산이 될 줄 그때는 몰랐다.

귀인은 어디서든
만날 수 있었다

나의 첫 번째 귀인은 고등학교 때 다니던 봉제 공장의 전무님이다. 야간학교를 다니며 낮에 일하던 공장에서 나는 시다 반장으로 일했다. 똘똘하게 일을 잘했던 내가 기특해 보였던지 전무님은 나에게 그런 감투를 씌워주셨다. 사장님 말로는 회사의 체계를 잡기 위해 큰 회사에서 모셔온 분이라고 했다. 그래서인지 전무님은 그동안 접했던 어른들과 달랐다. 일도 체계적으로 하고 진중하게 말씀도 잘하시고 책도 많이 읽으시는 것 같았다. 내가 잘하는 걸 인정해준 분이기도 하다.

내 인생 첫 번째 은인

그분이 하루는 나에게 손 편지를 써주셨다. 글씨체도 아주 수려했다. 편지에는 중국의 고사를 쭉 소개한 내용이 쓰여 있었다. 비루해 보이는 초라한 말이 천 리를 달리는 말임을 알아보고 그 말을 왕에게 바쳤다는 이야기다. 그땐 몰랐는데, 나중에 찾아보니 중국 춘추시대 백락이라는 사람의 고사였다.

왕으로부터 좋은 말을 구해오라는 명을 받은 백락이 길에서 소금 장수와 마주쳤는데, 소금 마차를 끌던 비쩍 마르고 볼품없는 말이 천리마임을 단번에 알아봤다고 한다. 안타까운 마음에 입고 있던 옷을 벗어 덮어주었더니, 말은 자신을 알아준 데 감격해 우렁차게 울었다고 한다. 소금 장수에게서 그 말을 사온 백락이 왕에게 바치자 왕은 화를 냈다. 좋은 말을 구해오라고 했더니 이런 비루한 말을 가져왔느냐고 말이다.

하지만 백락이 좋은 먹이를 먹이며 보살피니 말은 곧 위풍당당한 천리마의 모습을 갖추게 됐고, 왕이 몹시 기뻐했다는 이야기다.

"내가 그 천마를 알아봤다. 그게 윤미애다."

전무님 편지의 내용이었다. 윤미애가 크게 될 것으로 믿는다며 응원해주시는 글이었다.

어느 날 전무님이 나를 불러서 꿈이 뭐냐고 물으셨다. 그런 질문을 한 어른이 처음이었다. 그때 막연히 '내 꿈이 뭐지?' 하는 생각을 해봤고, 내가 뭘 좋아하는지도 떠올려봤다. 나는 사람들 앞에서 이야기하는 걸 좋아했고, 남 앞에서 말할 때 더 정확한 목소리가 나오고 더 똑똑해지는 것 같은 기분이 들었다. 아빠가 아침저녁으로 보던 TV 뉴스에서 '저 사람 멋있다'는 생각이 들었던 터라 전무님께 "아나운서가 꿈"이라고 했다.

말하면서도 손이 오그라들긴 했지만 꿈인데 뭐, 돈 드는 것도 아니고 꿈꾸는 건 자유니까 그냥 말했다. 하지만 전무님은 전혀 허무맹랑한 소리로 듣지 않으셨다. 무척 진지하게 들어주셨고, 그 후로 신문에 난 사설을 매일 오려서 주셨다. 아나운서가 꿈이라면 신문을 읽어야 한다면서, 한자에 약한 나를 위해 신문의 한자 위에 한글 음까지 달아서 건네주셨다. 덕분에 나는 사설을 매일 열심히 봤고, 불가능한 꿈을 키워갔다.

전무님의 관심을 받으며 학교생활을 하니 당연히 공부도 잘하고 싶어졌다. 마침 고등학교에 올라가면서부터 공부에 재미가 붙어 정말 열심히 했고, 계속 전교 순위 안에 드는 공부 잘하는 학생이 되었다. 3학년이 되니 전무님은 나에게 대학에 가야 한다고 했다. 대학? 내가 대학을? 대학은 상상 속에서도 나에게는 일어날 수 없는 일이었다. 대학이라는 건 내 인생에는 없는 남의 일이라고만 생각했다. 그래서 공부를 잘했어도 입시 관련 수업은 제대로 준비한 적도 없었다.

그해는 대학수학능력시험이 2회 치러지던 해였고, 새로운 입시 방법으로 다들 어수선한 때였다. 그런 나에게 전무님은 내신 성적이 좋으니 해볼 만하다고, 수능 공부를 준비할 학원에 다니라고 하셨다. 어렵게 모아둔 돈으로 회사 근처에 있던 단과 학원에 등록해서 딱 두 달간 국어, 영어, 수학 반을 다녔다. 그리고 1년 전까지만 해도 꿈도 꾸지 않았던 수능을 봤고 200점 만점에 간신히 100점을 조금 넘긴 점수를 받았다.

가난한 가정, 패배주의에 물든 주변 사람들, 미래를 안내해줄 어른이 없는 주위 환경. 그런 배경 속에서 나는 우물 안 개구리처럼 눈앞의 삶만 바라보며 살아왔다. 그런 나에게 미래에 대해, 인생에 대해 생각하고 꿈꾸도록 안내해준 첫 번째 어른이 전무님이셨다. 내 인생의 첫 은인, 귀인이자 스승님이시다.

면접 날 차를 빌려준 은인

"신은 문을 하나 닫으면 어디엔가 창문을 열어준다"라는 말이 있다. 예기치 않게 닥쳐오는 불운들도 있지만, 그에 못지않게 우리에게 열려 있는 기회들도 있고 선물처럼 주어지는 행운도 있다. 나는 위기의 순간, 하늘에서 내려온 동아줄처럼 도움을 준 은인들을 몇 차례 만났다.

고등학교 때 만난 전무님의 권유로 대학이라는 꿈을 꾸게 됐고, 결국 대학에 입학했다. 비록 야간대학이었지만 그 졸업장 덕분에 본격적인 사회생활을 시작하며 내 커리어를 쌓아갈 수 있었다. 회사생활 연차가 쌓이면서 학업에 대한 갈증을 더 채우고 싶어 대학원에도 진학했는데, 바로 그 대학원 면접 날 있었던 일이다.

두루넷이라는 IT 회사에 다닐 때였고, 토요일도 근무할 때였다. 내가 응시한 곳은 중앙대 대학원이었는데, 야간대학원이다 보니 응시자 대부분이 직장인이라 면접이 토요일 2시였다. 조금 여유 있게 도착하려고 점심도 안 먹고 면접장을 향해 나섰다.

그런데 회사 앞에 주차해둔 내 차 앞에 다른 차가 떡하니 서 있는 게 아닌가. 연락처도 없었다. 잠깐 일을 보러 간 것이라 생각하고 기다렸지만, 차주는 오지 않았다. 시간이 점점 흐르니 초조해져서 인근 식당에 점심 식사하러 온 사람인가 싶어 주위 식당들을 돌며 물어보고 다녔다. "○○○○번 차주분 계세요?" 하면서. 몇 군데를 돌아다녀도 나타나지 않으니 정말 속이 타들어갔다. 대중교통을 이용하자니, 그곳에 차를 마냥 세워둘 수도 없어 난감했다.

그렇게 몇 군데 식당을 누비며 소리 지르고 있는데, 저쪽에서 어느 남자분이 "어, 윤미애?" 하는 거다. 이전 직장이던 세진컴퓨터랜드에 다닐 때 알던 교육팀 선배였다. 그 선배한테 사정 얘기를 하니 주머니에서 자기 차 키를 꺼내 내게 건넸다. "내 차 타고 가." 그때 내가 인생 첫 차로 코란도의 화물 등급을 탈 때였는데,

수동 밴van 차량이었다. 다른 차를 타보지 않아서 낯선 차는 운전도 부담스러웠는데 너무나 다행스럽게 그 선배 차가 마침 같은 코란도였다. 어찌나 고맙던지. 선배는 내 차 키를 달라고 하면서 자기가 알아서 빼주겠다는 말도 했다.

"걱정 말고 얼른 가서 면접 잘 보고 와."

그렇게 선배 차를 타고 가서 면접을 잘 보고 당당히 합격했다. 자기 차를 선뜻 내준 선배가 너무나 고마웠다. 그때도 느꼈지만, 언제 어디서 누구를 만날지 모르니 평소에 잘하고 살아야겠다는 생각을 깊이 했다. 그리고 나 역시 어려움에 처한 누군가에게 선배처럼 흔쾌히 도움을 줄 수 있는 넓은 사람이 되고 싶다는 생각도 했다.

어릴 적 친구 복덩어리 태훈이

IT업계에서 일하며 영업이라는 직무에서 내 적성을 발견했고, 상당히 좋은 성과를 올려 나갔다. 그러나 앞서 이야기한 것처럼 회사원으로 묶여 있는 한 내가 발휘하는 실력에 대한 대가를 제대로 받지 못한다는 것을 알게 됐고, 이직을 결심했다. 그렇게 해서 관심 두게 된 것이 수입차 딜러였다. 새로운 업계로 이직을 한다는 것이 생각보다 쉽지 않았다. IT업계에서는 나름의 경력을 쌓았고, 어디에서든 '그 친구 잘한다'라고 평가받던 때라 원하는 회사에 충분히 갈 수 있었다. 하지만 수입자동차업계는 달랐다. 새로운 분야이기도 했지만, 진입장벽이 굉장히 높았다.

처음에는 BMW코리아, 벤츠코리아에서 영업사원을 직접 뽑는 줄 알고 홈페이지를 얼마나 검색했는지 모른다. 영업사원은 코리아 본사가 아니고, 차량을 판매하는 딜러십에서 뽑는다는 것도 그 과정에 겨우 알게 됐다. 홈페이지도 제각각이었고, 직원 운영도 별도 딜러십에서 각각 한다는 걸 뒤늦게 알았다. 부랴부랴 BMW와 벤츠 딜러십 홈페이지에 모두 들어가서 채용 공고란에 이력서를 넣고 기다렸지만, 연락이 없었다. 기다리다 못해 큰 전시장으로 전화해서 "지점장님 좀 바꿔주세요. 대학 후배 윤미애라고 합니다" 하고 전화를 돌린 적도 있다. 오죽했으면 그랬겠는가. 그만큼 길이 안 보였다. 면접만 볼 수 있으면 좋을 텐데, 그 기회조차 쉽사리 오지 않았다.

그러던 중 메르세데스-벤츠 딜러십인 효성에서 신입사원 채용 공고가 떴다. 너무 반가운 마음에 '이번에는 꼭 면접을 보리라' 다짐하고 온라인 원서 접수를 했다. 그러고 나서 홈페이지에 게시된 다른 딜러들 소개를 보니 커트 머리의 여성 차장이 눈에 들어왔다. 그분의 번호로 전화해서 내 상황을 설명하고 어떻게 하면 면접을 볼 수 있느냐고 물어봤더니, 고맙게도 채용 관련 업무 진행은 해당 부서의 ○○○ 이사님이 담당 임원이라며 친절하게 알려줬다. 내부의 관련인 누군가의 이름 하나 아는 것이 얼마나 큰 힘이 되는지 모른다. 이 사실을 더 절실하게 느끼게 된 것은 조금 더 훗날의 일이지만, 이때도 담당자의 이름을 알게 된 것만으로도 든든했다.

바로 다음 날 오전 나는 무작정 효성 본사로 찾아갔다. 입구에서 "○○○ 이사님 뵈러 왔습니다" 하고 말한 뒤 사무실까지 안내받아 올라갔다. 비서 직원이 어떻게 왔느냐고 물었을 때 내 사정 이야기를 하며 이사님을 잠깐이라도 뵙게만 해달라고 부탁했다. 직원은 회의 중이던 이사님께 메모를 전달했고, 근 30분을 기다린 후 그분을 뵐 수 있었다. 정말 심장이 터질 듯 떨렸고 긴장됐다. 황당해하는 이사님께 나는 간절히 부탁했다.

"제가 수입차업계 경력이 없어서인지 매번 서류심사에서 떨어졌습니다. 이번에 서류를 제출했는데, 꼭 면접을 보고 싶어서 이렇게 찾아오게 됐습니다. 3분만 저에게 할애해주십시오."

3분의 시간이 주어졌고 나는 정말 온 힘을 다해 3분 스피치를 마쳤다. 다음 날 서류 합격 통보를 받았다. 이후 기대와 흥분 속에 1차 면접, 2차 지점장 면접, 3차 대표이사 면접까지 갔고 최종 2인에 뽑히게 됐다. 최종심에 남은 사람은 남자 지원자 한 명과 나였다. 그러나 속상하게도 최종은 불합격이었다. 같이 남았던 남자 지원자도 불합격이었다. 맨 처음 찾아갔던 ○○○ 이사님께 메일을 보내 불합격 사유나 알고 싶다고 하니, 실은 채용 인원이 1명이었는데 해당 팀에서 다른 데서 경력자를 구했다는 것이었다.

'아, 이 업계는 정말 경력자만 뽑는구나. 진입장벽이 너무너무 높구나' 하는 생각이 들어 슬펐다. 이렇게 수입차업계로의 이직은 포기해야 되나 싶어 절망적인 마음도 들었다. 그러던 중 김태훈이라는 중학교 때 친구와 우연히 연락이 닿았고, 이런저런 얘기 끝에 내 고민을 이야기하니 이런 말을 했다.

"내가 아는 분 중에 BMW 교육팀 임원이 있는데."
"정말? 나 좀 소개해줘!"

나는 그냥 답답한 마음에 하소연했을 뿐, 얘한테 전혀 기대도 없었는데 엉뚱한 답을 듣게 된 것이다. 당시 태훈이가 일하는 회사 대표의 친한 친구가 BMW 교육팀장이었고, 그분의 친한 친구가 BMW 목동 바바리안모터스 지점장(본부장급)이었던 것이다. 나는 이력서를 태훈이에게 보냈고, 태훈이가 대표한테, 대표가 그 BMW 교육팀장에게 보내 교육팀장으로부터 전화가 왔다.

"이력서 잘 봤어요. 영업 잘하시겠는데요. 목동으로 이력서 전달했으니 면접 보러 가시면 됩니다."

　그렇게 해서 BMW 목동 바바리안모터스의 면접 기회를 얻었고, 1시간가량 지점장 면접을 진행했다. 면접 끝에 지점장님은 다음 날부터 바로 일해보자고 하셨고, 나는 천신만고 끝에 수입차 딜러라는 새로운 직업의 첫발을 내딛게 되었다. 어려웠던 어린 시절부터 알고 지내던 친구인 태훈이가 내 인생에 이렇게 도움을 주게 될지 어떻게 알았겠는가. 지금도 가끔 소주잔을 기울이는 사이인 태훈이야말로 내가 수입차 딜러로 새로운 인생을 열어가는 데 결정적인 역할을 해준 은인이자 복덩어리다. 고맙다, 친구야.

기적을 믿진 않지만
간절했던 모든 건 이루어졌다

간절하면 이루어진다. 나는 살면서 여러 번 경험했다.

2023년 기준 우리나라 만 25~34세 청년 중에 대졸자는 69.7%로 OECD 중 1위를 차지하는 비율이라고 한다. 대학 졸업자의 숫자가 저 정도이니, 입학만 하고 졸업하지 못한 숫자까지 합치면 훨씬 더 큰 비율의 인구가 대학 문턱을 넘었다는 이야기다. 만 25~64세에 해당하는 성인으로 범위를 넓혀도 대졸 이상이 54.5%나 된다. 하지만 대학이 미래의 선택지에 포함되지 못하는 사람들도 있다. 고등학교 3학년이 되기 전까지의 내가 그랬다. 내가 고등학교에 다니던 때 새엄마네 3남매와 우리 5남매, 총 8남매 중 대학에 간 사람은 한 명도 없었다. 나중에 우리 언니가 전문대를 진학해 대학을 마쳤지만, 내가 고3 때만 해도 우리 집에서 대학 진학은 관심 밖의 일이었다.

그날 나는 왜 주민센터 게시판을 보게 됐을까?

"저, 대학에 가고 싶어요."

회사 전무님의 권유로 대학 입학을 준비하게 된 내가 대학에 가고 싶다는 말을 꺼냈을 때, 아빠는 처음으로 나를 때리셨다. 엄마가 돌아가신 후 한 번도 손찌검을 안 하던 아빠가 내 뒤통수를 때리신 거였다. 내가 공부 잘하는 걸 그렇게 좋아하던 아빠였는데.

"정신 차려! 오빠, 언니 다 안 갔는데 너 혼자 대학 갈 거야?"

오빠, 언니 아무도 안 간 대학을 '감히' 내가 가겠다니, 있을 수 없는 일이었던 것이다. 아마 아빠는 새엄마 앞이라 더 심하게 표현한 것 같다. 그 집 아이들도 가본 적 없는 대학에 내 딸도 보내지 않겠다는 의사표시였지 않았을까. 난 입학금만 해달라고 울면서 빌었고, 그 또한 없다고 포기하라는 아빠 말을 듣고 집을 나왔다.

뒤늦게 학원에 다니고 입시를 준비하던 몇 달 동안 내 안에는 대학이라는 꿈이 너무 크게 자라 있었다. 대학에 너무나 가고 싶었다. 나중에 보니, 내신이 1등급 수준이었기 때문에 내 성적이면 서울의 웬만한 4년제 대학은 갈 수 있었다. 하지만 성남에 있는 야간 전문대를 갈 수만 있어도 좋겠다는 생각뿐이었다.

아무리 생각해도 등록금을 마련할 길이 보이지 않았다. 서럽고 답답한 마음으로 집을 나와 언덕배기를 터덜터덜 내려오며 주민센터를 지나는데, 우연히 게시판을 보게 됐다. 거짓말처럼 내 눈에 '성남시 우수 장학생'을 모집한다는 공고가 들어왔다. 신청 요건은 몇 년 이상 성남에 거주한 주민에 생활보호대상자였고, 성적증명서만 제출하면 됐다. 나는 모든 사항에 해당됐다. 곧바로 주민센터에 서류를 제출했고, 2명을 선발하는 데 내가 선발돼 장학금으로 100만 원을 받았다. 거기에 모아뒀던 돈을 털어서 등록금을 채워 대학 입학이라는 꿈을 이뤘다.

나는 어떻게 그날 주민센터 게시판을 보게 됐을까. 그런 게시판을 일일이 보고 다니는 사람이 얼마나 되나. 더구나 고등학생이 무슨 관심이 있다고. 나 역시 매번 지나가면서도 단 한 번 눈길조차 준 적 없었는데, 그날 나는 기적처럼 그것을 보았고 기회를 잡을 수 있었다.

나와 다른 세상에서 살아가고 있는 사람들

야간 전문대학 사무자동학과에 진학해 낮에는 직장에 다니며 밤에 대학 생활을 했다. 나에게 전문대 진학은 인생의 변곡점이었다. 내가 대학에 간다는 것 자체가 상상도 할 수 없었던 일이다. 대학에 가게 된 것만으로도 미래를 준비할 수 있고, 지금보다는 나은 인생을 살 거라는 생각에 대학 진학에 커다란 의미를 뒀다. '나는 다른 사람이야. 대단한 사람이야' 하는 자부심도 들었다.

대학 생활을 하며 나는 마치 껍질을 깨고 나온 듯 새로운 세상을 접했다. 전문대이지만 대학이란 곳은 새로운 사람들, 나보다 나은 사람들을 만나는 신세계였다. 그동안 동네에서 늘 마주치던 이웃이나 매일 만나던 나와 비슷한 처지의 봉제 공장 친구들과는 다른 세상에서 사는 사람들이었다. 우연이었는지, 나처럼 먹고사는 게 힘들어 야간학교에 온 사람은 단 한 명도 없었고, 다들 성적이 부진했거나 다른 계획이 있어 전문대를 선택한 사람들이었기에 내 처지와는 달랐다.

성남의 작은 야간 전문대였으니 부자들이 다니는 곳도 아니었는데, 그동안 내가 겪어온 환경과는 전혀 다른 환경에서 살아온 사람들을 보며 나는 문화충격을 받았다. 낮에 일하고 밤에 학교에 다니던 고등학교 시절, 영화를 보러 가거나 쇼핑을 가는 일은 친구들도 어쩌다 큰맘 먹고 하는 일이었는데, 대학교에서 만난 사람들은 그게 일상인 생활을 하고 있었다. 그들은 하고 싶은 거 하며, 공부도 쉬엄쉬엄하고 즐기며 살고 있었다.

'다들 잘 먹고 잘살고 있구나.'

OT에 MT 같은 대학 생활에 따르는 단어들도 나는 난생처음 들어본 것들이었다. 대학교 선배가 리조트 회원권이 있어서 리조트라는 곳을 처음 가보고 스키라는 것도 처음 타봤다. 남들은 이렇게 살고 있었구나, 하나씩 느끼게 됐다. 가난하게 자랐지만 다행히 자격지심도 없고 밝게 커왔던 것은 타고난 성격 탓도 있지만, 주위에 비교 대상이 없었기 때문이라는 것도 알게 됐다. 내가 만나는 사람들이 다 비슷하니 상대적 박탈감을 느낄 일이 없었다. 오히려 친구들 중에 공부를 제일 잘했으니 나름의 우월감이 있었다.

그러던 내가 '격차'에 대해 처음으로 느끼게 됐다. 흔히 말하는 '평범한 생활'이라는 기준이 나의 기준과는 전혀 달랐다는 것도 깨닫게 됐다. 내가 평범하지 않았던 것이었다. 더 높은 곳이 있었고, 더 나은 환경이 있었고, 그런 세상에 대부분의 사람들이 살아가고 있었다. 거기로 올라가야겠다는 생각을 처음으로 하게 됐다. 비교할 것이 없을 때는 불행도 느끼지 못한다. 그런데 비교할 대상이 생길 때, 상대적 박탈감 같은 것도 느끼게 되는 것이다. 대학교에 들어가며 그렇게 각성하게 됐다.

야간대학을 다니며 낮에 다니던 회사 생활도 마찬가지였다. 직원들의 생활수준과 급여 수준에서도 놀랐다. 야간 고등학교에 다니던 시절 낮에 일했던 공장에서 월급으로 20~30만 원 정도를 받았는데, 전문대 재학 중에 다닌 회사에서는 성인으로 처리가 돼 120만 원을 받았다. 남들에게는 놀랄 일도 아니었다. 아주 평범한 직장이었으니까. 하지만 나에게는 기적과 같은 일이 일어난 것이다. 나는 새롭게 눈을 뜨게 된 기분이었다. 에너지가 생겼다. 나도 더 잘살고 싶었다.

더 큰 꿈을 꾸고, 더 높은 곳으로

어렵게 입학하게 된 대학이니 공부를 열심히 할 수밖에 없었다. 장학금도 받아야 하니 더 열심히 했다. 줄곧 장학금을 받았지만, 전액이 아니라 50%, 30% 정도밖에 되지 않아서 일도 열심히 하며 돈을 모았다.

전문대를 졸업하고 나서 이력에 넣을 만한 첫 직장을 비로소 얻게 됐고, 세진컴퓨터랜드에 입사하게 됐다. 회사에 다니다 보니 전문대 학력으로는 너무 부족하다는 걸 느꼈다. 학력으로 등급이 나뉜다는 걸 알게 됐기 때문이다. 최소한 4년제는 나와야겠다는 생각에 방송대 컴퓨터학과에 편입했고, 2년 반 만에 졸업할 수 있었다. 방송대는 들어가는 건 쉬운데 나오기는 어렵다는 걸로 유명하다. 10년 이상 다니는 분도 있을 정도고 졸업하지 못하는 분들이 정말 많다. 나는 악착같이 공부해 일찍 마칠 수 있었다.

그렇게 4년제 대학 졸업장을 손에 쥐고 나니, 이번에는 또 다른 욕심이 생겼다. 기왕이면 이력서에 기재할 때 당당하게 내세울 수 있는 학력이 갖고 싶었다. 그래서 서울 소재의 누가 들어도 알 만한 학교들의 야간대학원에 원서를 냈다. 연세대, 한양대, 단국대, 동국대, 중앙대에 냈는데, 방송대 출신 학부생을 받아준 곳은 중앙대 국제경영대학원이 유일했다. 나중에 찾아보니, 당시 면접을 본 교수님이 어려운 학생들을 많이 후원하는 훌륭한 교수님이었다. 그분 덕분에 좋은 학교에서 석사까지 마칠 수 있었다. 중앙대 정연앙 교수님께 정말 감사하다는 말씀을 드리고 싶다.

학창 시절을 통틀어 중앙대 대학원 시절에 공부를 제일 열심히 했다. 당시 미국에서 학위를 받고 임용된 직후에 강의를 맡았던 교수님이 계셨는데, 첫 학기 수업이라 열정과 의지가 엄청나게 강했다. 100% 영어 교재로 매주 과제를 내주며 학부생 수업처럼 진행하셨다. 상업고등학교에, 사무자동학과 전문대에, 방송통신대에서 학업을 이어온 나로서는 영어가 제일 취약했다. 영어 교재가 웬 말인가. 수업 시간에도 알아듣지 못했고, 과제도 너무 어려웠다. 다행히 주변에 영어 잘하는 지인들이 있어서 도움을 청할 수밖에 없었다. 수업을 듣고 오면 그 부분을 복사해 지인에게 팩스로 넣어서 번역해 달라고 하고, 번역해준 것을 받아 다시 보고 읽는 방식으로 헤쳐나갔다. 시험 때는 교수님께 "정말 영어가 힘들어 여기까지가 한계입니다" 하고 편지를 쓰고 나온 적도 있었다.

그래도 열심히 한 걸 알아주시고 좋은 학점을 주신 것 같다.

한 주에 2회 가는 학교 수업이 끝나면 친구들을 붙잡아서 스터디를 했다. 주말이면 언제나 도서관에 가서 다음 주 수업을 준비하며 정말 열심히 공부했다. 성남에서 구로까지 출퇴근할 때라 주 2회 학교에 가는 날에는 수업에 전념했고 그 외 요일은 회사에 전념했다. 아침 일찍 출근해서 도서관으로 직행해 리포트를 작성하고 시험 준비를 하며 보냈다. 성적우수 장학금을 받아야 하니 그렇게 열심히 했다. 정말 '가난이 공부를 하게 만든다'라는 말이 맞다. 대학원 동기들은 내가 너무 열심히라 당연히 박사과정까지 가는 줄 알았다고 한다.

입학해서는 기대표(45기 동기 대표)를 해서 임원 장학금을 받았고, 나머지 4학기 내내 성적우수 장학금을 받아 등록금 부담을 덜었다. 정규 학기 마무리도 벅찼는데 논문까지 해낼 수 있을지 알수 없었다. 그래도 어렵게 왔는데 졸업은 포기할 수 없었다. 결국 나는 '상사의 리더십에 대한 만족도가 부하의 조직몰입에 미치는 영향에 관한 연구'라는 제목의 논문을 완성할 수 있었다. 주된 내용은 영업직군은 적절한 보상이 있어야 조직에 만족도가 높다는 결론과, 비영업 관리직은 보상보다는 시간이 지나면 자동 승진되는 호봉 테이블이 조직에 만족도가 높다는 내용이었다. 주변 거래처, 지인, 친구 들을 동원해 설문조사를 했고, 이런저런 주위의 도움을 받아가며 논문을 작업해서 석사학위를 취득할 수 있었다. 그렇게 논문까지 쓰고 석사학위를 받으니, 비로소 학력에 대한 미련은 해소됐다.

지나온 길을 돌아보면 아찔하기도 하다. 끊어질 수 있었던 고리가 기적처럼 연결되기도 했고, 아슬아슬하게 사다리를 오르느라 어려움도 많았다. 그래도 나는 해냈다. 꿈을 갖게 됐고, 그 꿈을 이룰 수 있었고, 더 큰 꿈을 품어가게 됐다. 간절하면, 정말 간절하면 그것이 눈앞에서 현실로 이루어지는 모습을 볼 수 있게 된다.

"신은 문을 하나 닫으면 어디엔가
창문을 열어준다"라는 말이 있다.
예기치 않게 닥쳐오는 불운들도 있지만,
그에 못지않게 우리에게 열려 있는 기회들도 있고
선물처럼 주어지는 행운도 있다.

4장

무수저에서

200억 자산가가 되기까지

31살
아파트가 생겼다

  나는 더러운 화장실이 너무 무섭다. 그래서 공중화장실을 사용할 때면 유난히 예민해지고, 좌변기용 시트지를 겹겹이 깔고 이용해 '유별나다'는 말도 듣는다. 그건 예전에 살던 집 화장실에서 얻은 트라우마 때문이다.

  고등학교를 졸업한 뒤 아버지 집에서 나와 언니랑 둘이 살았다. 우리가 구한 집은 성남시의 어느 다가구주택 반지하였는데, 문을 열고 들어가면 바로 부엌이 나왔고 그 바닥에 수도꼭지가 있어 거기서 빨래를 했다. 왼쪽에 싱크대가 있었고, 안으로 들어가면 방 한 칸이 있는 집이었다. 화장실은 대문 옆에 있었는데, 나무로 된 문가운데 얇디얇은 불투명 유리가 있었고, 네 가구 이상이 같이 썼다.

한밤중이나 새벽에 화장실이 가고 싶으면 낭패였다. 소변은 그냥 집 안에 있는 수도꼭지 아래에서 해결했지만, 큰 볼일은 언니를 깨워서 같이 가야 했다. 안쪽에 사는 외국인 근로자 아저씨들도 무서웠고 외부에 있던 화장실을 가는 게 너무 무서웠다. 세 들어 사는 네 가구가 돌아가며 청소를 담당했는데, 우리 자매는 열심히 청소했지만 다른 집들은 그러지 않아서 항상 더러웠다. 특히 겨울철에는 화장실 가는 일이 더욱 고통스러웠다. 쭈그리고 앉는 푸세식에 줄을 당기면 물이 내려가는 변기가 있었는데, 겨울이면 얼지 말라고 물을 살짝 틀어놓았다. 물은 얼고 그 위로 오물이 다 튀어 있어 지저분하기 짝이 없었다. 더러운 게 묻을까 봐 제대로 앉지도 못하고 엉거주춤 볼일을 보며 지냈다.

지금까지도 그런 트라우마가 있어 집에서 화장실 변기 청소와 싱크대 청소를 열심히 한다. 도우미 이모님이 해주시는데도 나는 시도 때도 없이 닦고 청소한다. 마치 옛날의 싫었던 기억들을 싹싹 지워내기라도 하듯이. 꿈에서라도 다시 그때로 돌아가고 싶지 않다.

결혼하며 처음 장만한 내 집

처음으로 독립하여 혼자 살게 된 것은 BMW 목동전시장에 다닐 때였다. 성남에서 다니자니 출퇴근 거리가 부담스럽기도 해서 인생 첫 독립을 위해 집을 알아보고 다녔다. 영등포 롯데마트 맞은편 오피스텔을 보러 갔었고, 월세는 겁나서 전세를 알아봤다. 신축 오피스텔이었는데, 집기가 다 빌트인 타입에 여자 혼자 사는데 중요한 시건장치가 무엇보다 잘 되어 있는 집으로 결정했다. 12평 정도였던 그 오피스텔은 원룸이었고 전세 6천만 원에 매매가가 1억 2천만 원이었다. 대출받아서 살 수도 있었는데, 그런 생각은 엄두도 못 냈었다. 언니와 살 때도 돈을 합치면 대출을 끼고 충분히 집을 살 수 있었다. 하지만 우리는 대출은 곧 빚이니, 하면 큰일 나는 줄 알고 고려하지도 않았었다.

그렇게 나는 전 재산 6천만 원을 걸고 오피스텔 전세를 들어가 난생처음 혼자 살게 됐고, 그 돈이 종잣돈이 되어 집도 살 수 있었다. 남편을 만나 결혼하게 되면서 용기를 낼 수 있었던 덕분이다. 혼자서는 여전히 용기가 안 났는데 안정적인 직업에 고정적인 월급이 들어오는 남편 덕분에 용기를 냈다. 내가 가진 6천만 원과 남편이 가진 5천만 원으로 1억 1천만 원을 만들고, 1억 2천만 원 대출을 받아 2억 2천 5백만 원짜리 23평 아파트를 마련해서 신혼집을 꾸렸다. 내 생애 첫 자가가 시작되었다. 서른한 살 때였다. 그때의 뿌듯함이란! 신혼을 자가에서 시작한다는 자부심과 설렘이 너무나 컸다. 공동화장실을 쓰며 반지하에 살던 환경을 생각하면 가히 인생 역전이라고 말해도 좋을 수준이었다. 남편이랑 인근 시장에서 사온 삼겹살을 집에서 구워 먹으며 소주 한잔 기울이던 그때, 정말 행복했고 부러울 게 없었다.

동시에 빚이 지닌 무게로 어깨가 부러질 것 같았다. 1억 2천만 원의 빚을 얻고 나니 한 달에 빠져나가는 이자가 상당히 부담스러웠다. 난생처음 대출이란 걸 했지만, 여전히 빚이 무서워 어떻게든 빨리 갚기 위해 열심히 일했다. 당시에는 폰뱅킹도 안 될 때라 콜센터에 전화해서 상환해야 했는데, 3백만 원이든, 5백만 원이든 돈이 생기는 족족 "인출하세요" 하고 전화해 중도 상환했다. 그리고 1년 8개월 만에 그 빚을 다 갚았다.

서류 가방으로 바꾼 청혼 반지

"사장님, 저 소개팅 언제 시켜주실 거예요?"

결혼 전 거래처에 영업하러 다닐 때도 나는 사장님들에게 맨날 소개팅해달라고 너스레를 떨고 다녔다. 그럴 때도 정확하게 이상형을 얘기했다. 키는 몇 이상, 4년제 대학 졸업에 영어는 좀 해야 하고 등등. 명확한 조건을 말했다. 그래야 괜한 시간 낭비를 하지 않을 것 같았다. 남자조차 딱 정해진 목표를 가지고 있는 똑똑한 모습이 거래처 분들에게 더 좋은 인상을 심어줬던 것 같다.

부모님은 마음대로 못 정하지만, 배우자는 선택할 수 있다. 그리고 그 사람과 인생의 반 이상을 함께한다. 그래서 나는 결혼이 정말 중요하다고 생각해왔다. 그렇기에 첫눈에 반한다는 건 믿지

174

도 않고, 그렇게 함부로 만나고 싶지도 않았다. 그래서 소개팅을 할 때도 정확히 내가 원하는 사람의 조건을 말했던 것이다. 그리고 딱 그 조건에 맞는 남자를 만났다. 지금 내 남편이다.

남편도 나와 다르지 않게 자기 능력으로 열심히 살아온 사람이다. 그리고 누구보다 나를 잘 이해해주는 사람이다. 연애 시절, 남편이 작은 다이아몬드 반지를 내밀며 프러포즈를 했다. 나는 싫으면 얼굴에 표가 딱 나는데, 내 표정을 보고 남편은 벌써 감을 잡고 어쩔 줄 몰라 했다.

"오빠, 이거 바꾸면 안 돼?"
"그래. 너 원하는 대로 해."

화도 안 내고 단번에 내 뜻대로 따라준 착한 남자. 남편은 신촌 현대백화점에서 반지를 사왔다고 했다. 우리는 같이 가서 반지를 환불한 뒤, 아래층 잡화 코너로 갔다. 나는 루이까또즈라는 브랜드에서 서류 가방을 하나 골랐다. 잘 끼지도 않을 반지보다는 일하는 데 필요한 좋은 서류 가방이 나한테는 더 중요했다.

"나 이걸로 할래."

그렇게 청혼 반지는 청혼 가방으로 바뀌었다.

보증 서줄 사람 하나 없는 서글픔

직업도 있고 돈도 어느 정도 모아가면서 '가난'이라는 굴레에서 조금씩 멀어지고 있었지만, 예기치 않은 데서 서러운 순간들도 찾아왔다.

결혼 전, BMW 바바리안모터스에 입사할 때 신원보증을 서줄 사람이 필요했다. 그때는 '인보증'이라는 게 있었다. 워낙 고가의 차량을 판매하는 직업이다 보니 신원보증 개념으로 재산세 10만 원 이상 내는 사람의 인보증을 서오라고 했다. 그런데 주변을 둘러봐도 재산세를 내는 사람이 없었다. 자가를 소유한 사람이 하나도 없었다. 그렇게 염원하던 회사에 입사하게 되었는데 이게 걸림돌이 될 줄이야. 주변을 백방으로 찾았지만, 답이 안 나왔다. 옛날 드라마를 보면 보증을 잘못 서서 집을 날리고 길바닥에 나앉는 사람들 이야기도 많았다. 그러다 보니 보증을 잘 못 서면 큰일 난다고들 생각해서, 가족이 아닌 지인한테 부탁하는 건 너무 어려운 일이었다.

아빠가 새엄마와 성남에 살고 계셨는데, 그 집을 아빠가 새엄마 명의로 해줬다는 이야기를 들은 적이 있었다. 그래서 용기를 내 아빠를 찾아가 처음으로 인보증 한 번만 서달라고 부탁했다. 내 상황이 절실하다 보니 나는 무릎까지 꿇으며 애원했다. 하지만 새엄마가 일언지하에 안 된다고 했다.

"보증이라니! 가족 간에도 보증은 하는 거 아니다."

울며불며 매달려봤지만, 오히려 큰 꾸지람만 듣고 나와야 했다. 남도 아니고 딸인데, 대출 보증도 아니고 사람에 대한 보증인데, 그것도 못 서주나 싶어 너무나 서러웠다. 하늘이 무너지는 것 같았다. 그토록 간절하게 준비했던 수입차업계에 입사를 코앞에 두고 있는데, 구비 서류 때문에 입사를 못 할 판이었다. 알고 보니 당시 새엄마가 집 명의를 자기 아들 이름으로 돌려둔 상태였고, 아빠는 몰랐다. 어찌어찌 재산세를 떼봤더니 6만 원 정도밖에 되지 않아 '재산세 10만 원'이라는 조건도 충족하지 않았다. 허탈했다. 회사에 특별히 부탁해 보증보험으로 대체해서 제출했던 뼈아픈 기억이 있다.

결혼하면서 첫 자가인 우리 신혼집을 장만할 때, 부부 공동명의로 했다. 가장 큰 이유가 나중에 내가 인보증이 필요한 일이 생기면 남편에게 서게 하기 위해서였다. 지금은 언니와 동생한테 내가 인보증 정도는 편하게 서줄 수 있는 사람이 돼서 너무 뿌듯하고 행복하다.

내 집까지 마련한 뒤에도 돈 때문에 서러웠던 경험이 또 있다. 이사할 때 나오는 집을 매도한 뒤 받아야 할 잔금 날짜와 들어가는 집에 치러야 할 날짜가 안 맞아 4천만 원이 부족했다. 딱 2주만 지나면 나오는 돈이었다. 그런데 나나 남편이나 주위에 그 돈을 빌릴 사람이 없었다. 우리가 비빌 언덕이 이렇게 없나 싶어 둘이 붙들고 한참을 울었던 기억이 있다. 결국 그동안 생각해보지도 않았던 마이너스 통장을 남편과 내가 각각 만들어 문제를 해결했다. 그런 뼈아픈 경험을 하며 나는 돈 때문에 서러울 일은 두 번 다시 만들지 않겠다고 이를 악물고 다짐했다.

자산 200억을 이루며 깨달은
돈이 돈을 만드는 방법

대출받아 집을 사면 큰 죄라도 짓는 줄 알던 시절이 있었지만, 나는 대출로 처음 내 집을 마련했고 그때부터 부동산이라는 것에 눈뜨게 됐다. '아, 이렇게 하면 내 명의의 집이 되는구나' 하는 깨달음이 생겼고, 무섭기만 하던 대출금도 지독하게 일하며 갚으면 진짜 내 집이 된다는 것도 알게 됐다. 1년 8개월 만에 신혼집의 대출금을 모두 갚으며 자신감도 생겼다.

내가 모은 자산을 보고 수입 자동차 딜러로 버는 수입이 엄청날 것으로 오해하는 분들도 있는데, 그렇지 않다. 물론 세일즈를 잘해서 내 수입을 높이기는 했지만, 본격적으로 자산을 증식할 수 있었던 것은 재테크, 그것도 부동산을 통해서였다.

내가 너무나 공감하며 읽은 《세이노의 가르침》에는 '돈은 스스로 몸값을 비싸게 만들어 벌고, 그렇게 마련한 돈으로 재테크를 하라'는 내용이 나온다. 내 생각과 정확히 일치한다. 세이노는 '부동산에 빨리 눈 떠라' 하는 가르침도 주는데, 내가 안타까워하는 부분이다. 조금 더 일찍 부동산에 대해 알았더라면 얼마나 좋았을까. 은행 대출을 레버리지로 집을 살 수 있다는 생각을 못 하고 기회들을 놓쳤다는 게 너무 아쉽다.

상급지로, 더 상급지로! 아파트 갈아타기 역사의 시작

나의 첫 부동산은 1억 2천만 원을 대출받아 산 강서구 신정동의 2억 2천 5백만 원짜리 아파트로, 우리 신혼집이었다. 23평 아파트였지만 방이 3개나 되는 신축 아파트여서, 집 상태도 마음에 쏙 들었다. 양쪽 문을 열어두면 환기도 잘 돼서 삼겹살 먹으며 소주 한잔하기 더없이 좋은 아파트였다. 그 집에서 큰애도 낳고, 거의 3년을 살았다. 대출금을 다 갚아 온전히 내 집이 되자 슬슬 이사를 생각하게 됐다.

그 사이 집값도 올라서 2억 5천만 원이 됐다. 가만히 앉아 2천 5백만 원을 벌게 되는, 부동산의 시세차익도 처음 경험했다. '아파트로도 돈을 버네!' 믿기지 않았다. 이것이 나의 부동산 재테크 역사의 시작이었다. 당시 아파트는 단 2개 동에 500세대밖에 안 되는 작은 단지라 많이 오른 게 아니라는 사실도 알았다. '아, 단지가 커야 하고, 역세권이어야 하고, 남향에 중층 이상이어야 비싼 값을 받겠구나' 하는 혜안도 생기게 됐다.

마침 BMW 서초전시장으로 회사를 옮기면서 이른바 '강남 3구'라 일컫는 강남구, 서초구, 송파구 중 한 곳에 가고 싶다는 욕구가 강할 때였다. 내 상황에서 현실적으로 가장 타당한 송파구에서 알아보기로 했다. 송파구 일대를 물색하다 보니, 풍납동 아파트의 시세가 상대적으로 낮았다. '왜 이렇게 싸지?' 파고들어가다 보니, 살기는 좋은데 저평가돼 있다는 것도 알게 됐다. 그래서 열심히 발품을 팔아 송파구 풍납동의 5억 원짜리 30평대 아파트로 이사했다.

신혼집을 판 금액 2억 5천만 원에 대출 2억 5천만 원을 받아 매수했다. 겨우 대출을 다 갚고 현금 집이 되었는데, 다시 대출을 한 것이다. 이전보다 대출금은 배가 됐고, 이자도 물론 배가 됐다. 나는 또 그 돈을 갚기 위해 소처럼 일했다. 어느 정도의 빚은 열심히 일하는 데 커다란 동기부여가 된다는 것도 절실히 느꼈다.

이때쯤에는 금융 정보에 조금 눈을 뜨게 됐기 때문에, 대출도 여러 곳을 비교한 뒤 보험사에서 했다. 나는 그때 이후로 대출받을 때면 금리가 조금 높더라도 중도 상환 수수료가 낮은 상품을 꼭 선택했다. 수시로 중도 상환하는 내 방식에 가장 적당한 상품을 선택하게 된 거다.

하지만 2억 5천만 원이라는 대출금은 이전에 살던 집값보다 더 큰 금액이었다. 첫 달에 원금과 이자를 5백만 원가량 내고 보니, '이거 큰일 났다' 싶었다. 빨리 갚지 않으면 무슨 일이라도 날 것처럼, 나는 지독하게 일하며 5백만 원, 1천만 원씩 중도 상환하면서 대출금을 갚아나갔다. 그렇게 해서 2년 6개월 만에 대출금을 모두 갚았다. 이미 부동산을 통해 자산을 증식하는 재미를 쏠쏠히 알아가고 있었던 나는 대출금을 모두 상환하는 날, 바로 상급지로의 이동을 고민하기 시작했다.

손절도 해보고, 시세차익 재미도 보며

내가 메르세데스-벤츠 한성자동차 강남전시장으로 이직한 것이 풍납동에 거주하던 2011년이었다. 그런데 전시장 내방객들의 정보를 받다 보면 잠실 리센츠아파트 거주자가 정말 많았다. 부동산에 관심도 커졌을 때라 '이 동네 뭐지?' 하는 호기심이 발동해 유심히 알아보기 시작했다.

강남 재건축의 표본으로 꼽히며 2006년에서 2008년 사이에 입주가 이루어진 엘스, 리센츠, 트리지움 아파트가 '엘리트'라고 불리며 잠실의 부동산을 움직인다는 것도 알게 됐다. 나는 다음 목표를 리센츠로 잡고 집을 알아보기 시작했다. 하지만 문제가 있었다. 풍납동 아파트를 5억 원에 매수했는데 당시 부동산 경기가 안좋을 때라, 5억 원에 산 집의 시세가 4억 3천만 원까지 떨어져 있었다.

"손해 보고 팔 수는 없잖아. 안 돼."

안전주의자 남편은 결사반대했다. 남편은 극 A형으로 생각이 많고 신중한 데다 금융사에 다니다 보니 매사 조심스럽다. 풍납동 아파트를 매수하며 큰 금액을 대출받을 때도 남편은 주저했었다. 원금과 같이 상환하는 원리금균등상환방식이라 한 달에 내야 할 금액이 상당히 컸기 때문에 감당할 자신이 없다는 거였다. 남편은 대출받은 걸 상환할 때까지 매달 원금과 이자를 얼마씩 내게 되는지, 엑셀 표로 쫙 계산해서 보여주며 말했다.

"와이프, 이런 데도 우리 이사 가는 게 맞아?"

그래도 나는 남편의 반대를 무릅쓰고 풍납동행을 강행했다. 특히 이번에는 손해 보면서까지 팔자고 하니 당연히 반대였다. 이때도 나는 나의 판단으로 밀어붙였다. 우리 아파트만이 아니라 전체적으로 경기가 나빴기 때문에 상급지도 같이 떨어졌다는 데까지 생각이 미치자, 판단이 섰다.

"아니야, 이건 해야 돼. 나만 믿어."

결국 과감하게 손절하여 4억 3천만 원에 집을 매도했다. 남편한테 큰소리는 쳤지만, 영원히 오르기만 할 줄 알았던 아파트값이 떨어지기도 한다는 사실에는 조금 충격을 받았다. 혹시 상급지 아파트를 매수했다가 풍납동 집처럼 값이 하락하면 어쩌나 하는 두려움도 생겼다. 비싼 만큼 하락 폭도 더 커질 테니 위험부담도 그만큼 커지는 것 아닌가. 그런 조심스러운 생각들이 많아지면서, 부동산 초심자였던 나는 조금 안전하게 리센츠에 전세로 살아보기로 했다. 6억 8천만 원짜리 전셋집을 계약했다. 풍납동 집 매도액이 4억 3천만 원이니 2억 5천만 원가량의 전세자금을 대출받아 이사를 왔다.

꿈에 그리던 상급지 잠실 아파트에 살아보니 좋은 점이 정말 많았다. 신축 아파트라 깨끗하고 편리했고, 단지가 커서 학교와 학원도 가까웠고 각종 인프라가 좋았다. 한강 진출입도 편했고 지하철역도 가까워, 이 동네에 살기 잘했다고 생각했다. 그때부터 또 나는 열심히 전세 대출금 갚기 프로젝트에 매진했다. 자동차 판매 실적도 좋아 수입도 늘면서 2년 만에 전세 대출금을 갚았다.

나는 전세자금이 현금이 된 것에 용기를 내서 매수를 검토했다. 리센츠는 5천 세대가 넘는 단지에, 30평대가 대부분이다. 그렇다 보니 매물은 많지만 동이나 층에 따라 가격 차이가 컸다. 꼼꼼히 비교해보느라 매물 20개는 본 듯하다. 그리고 한 집을 결정해

10억 원에 매수했다. 차액은 물론 대출로 채웠다. 그렇게 리센츠에 살다가 또 대출금을 다 갚아갈 때쯤에는 루틴처럼 상급지로 옮길 고민을 시작했다.

이때는 남편도 아무 말 하지 않았다. 남편은 내 수입을 최근에 유튜브에 공개된 것을 보고 알게 됐지, 그동안 전혀 몰랐다. 다만 내가 중도 상환을 잘해나가는 것을 보고 '이렇게 잘 버는구나' 짐작했다고 한다. 또 몇 번의 경험을 통해, 내가 갑자기 이사해야겠다며 들썩거리면 '이 집 대출금을 다 갚았구나' 감 잡았다는 것이다. 그리고 대체로 내 결정이 맞았다는 걸 확인하면서, 이후로는 내가 부동산을 하는 데 전혀 태클을 걸지 않는다.

새로운 아파트를 알아볼 때 방 개수라는 조건 하나가 더 늘었다. 그동안은 방 3개짜리에 살았는데, 방 4개짜리에 살고 싶은 마음이 간절했다. 우리 부부랑 딸, 아들 방 하나씩 주고 방 하나가 더 있었으면 해서 40평대 아파트를 목표로 하게 됐다. 그래서 재건축을 노리고 인근의 잠실 5단지를 관심 있게 봤다. 지분율 200%로, 서울 대단지 재건축 아파트 중에서 지분율이 제일 높은 곳이라는 점이 매력이었다. 새 아파트가 들어서려면 10년 이상은 걸린다고 했다. 처음으로 거주가 아닌 투자 목적으로 매입한 부동산이었다.

당시 가격이라면 40평대에 입주할 수 있다는 생각에 2017년 잠실 5단지 아파트를 15억 원에 매수한 뒤 전세를 줬다. 이때는 70%를 대출받았다. 그동안 부동산을 매수하면서 경험한 최고 대출 비율이었다. 또한 매매가가 제일 큰 부동산이기도 했다. 대출 규제가 떨어지기 전 마지막 날, 풀full 대출받아 매수한 것이다. 액수가 크다 보니 갚아나가는 데도 시간이 걸려, 그 빚을 갚는 데는 꼬박 5년 정도 걸린 것 같다. 그나마 중간에 내가 팀장에서 임원으로 승진하며 퇴직금 정산도 받게 돼 대출금을 갚는 데 큰 도움이 됐다.

여러 번 강조하지만, 차를 팔아 번 돈만으로는 부족하다. 나는 중간중간 투자 목적의 부동산 매매를 몇 차례 해가며 시세차익을 남겨 자산을 쌓아갔다. 남양주의 푸르지오아파트를 청약받아 매도했고, 송도의 아파트도 분양받아 매도하며 시세차익을 보기도 했다. 평택의 오피스텔을 매입해 매도하며 시세차익을 남긴 것도 있다. 그렇게 부동산을 굴리며 돈이 만들어졌고, 그것들이 모여 내 자산으로 쌓여갔다.

압구정 입성기

잠실 5단지와 리센츠를 보유하며 다주택자가 되다 보니, 한시적 1가구 1주택 혜택을 보기 위해 리센츠를 팔아야 했다. 중개인의 권유로 나는 리센츠를 부랴부랴 팔았다. 10억 원에 매수한 집을 17억 8천만 원에 팔고, 그 집에 전세로 살기로 했다. 파는 조건은 딱 그거 하나였다. 그 집이 너무 좋고, 아이들도 아직 초등학생이라 전학 보내기 싫어서 그렇게 했다.

매매 후 전세로 들어가면서 10억 원가량의 여유자금이 생겼다. 이 돈을 어떻게 해야 할지 여러 생각이 많았는데, 친한 사모님이 딱 잘라 말했다.

"그냥 아파트를 사. 압구정 아파트를 사."

부동산을 하려면 상가니, 땅이니, 오피스텔이니 다 관두고 아파트를 사야 한다고 했고, 기왕 하려면 작은 평수라도 압구정동 아파트를 사라고 했다. 나는 아줌마들의 감을 믿는다. 생활에 밀착된 경험이 많고 입소문을 통해 촘촘하게 얻는 정보가 많아 전문가들보다도 빠르게 분위기를 감지한다. 그래서 나는 '아줌마'의 권유에 따라 압구정 아파트로 눈을 돌렸다.

하지만 내가 가진 10억 원이라는 돈으로 갈 수 있는 곳은 제한돼 있었다. 지인에게 압구정 지분율표를 받아 꼼꼼히 살펴보니, 압구정동 현대아파트 30평대에서 지분율이 제일 좋은 동이 있었다. 거주할 목적이 아니라 5억 원짜리 전세를 끼고 매수하는 거라, 내가 가진 10억 원에 8억 원을 대출받아 23억 5천만 원에 매수했다. 낡고 오래된 아파트였지만, 모두가 꿈꾸는 압구정 아파트를 드디어 나도 소유하게 된 것이다. 그리고 재건축이라는 믿지 않았지만 확실한 로또도 손에 쥔 셈이라 밥을 안 먹어도 배가 불렀다.

그런데 변수가 생겼다. 리센츠 주인이 갑자기 자기가 이사를 와야겠다며 나가달라는 게 아닌가. 그곳은 토지거래허가구역에 속해 실소유자가 실거주하는 게 우선이었다. 주인이 들어온다면 무조건 나가야 했다. 너무 화가 났다. 다시 그 단지 내에서 전세를 알아보는데, 내가 원하는 조건의 집은 전세가가 22억 원에 달했다. 여러 집 발품을 팔다가 '현타'가 왔다. '20억 원짜리 전세는 오버야.' 내 집이 엄연히 있는데 비싼 전세를 줄 필요가 있나 싶어, 압구정 아파트로 이사하기로 마음먹었다.

"여기 살기 싫어. 주차장에서 쥐도 봤단 말이야."

이사할 집이라고 보여주러 갔을 때, 깨끗한 신축단지의 생활에 익숙했던 아이들은 경악을 금치 못했다. 아이들을 이해시키고, 인테리어 공사를 마치고 나는 압구정동 생활을 시작했다. 실내 주차장도 없고 옥외 주차장도 협소해 매일 주차 전쟁을 겪어야 하는 등 오래된 아파트의 불편함이 없지 않다. 그런데 2019년 11월, 23억 5천만 원에 매수했던 집은 2023년 42억 원을 찍었다. 매일 차에 떨어진 나뭇잎과 새똥을 치우느라 고생하면서도, 이 동네가 좋은 이유다. 그리고 내가 부동산이라는 재테크에 빠져들게 된 이유다.

무섭기만 하던 대출금도

지독하게 일하며 갚으면

진짜 내 집이 된다는 것도 알게 됐다.

그렇게 부동산을 굴리며 돈이 만들어졌고,

그것들이 모여 내 자산으로 쌓여갔다.

실제로 100억
건물주가 되어보니

우리나라는 부동산 보유세가 높기로 세계 1위라고 한다. 취득세, 종부세, 양도세, 재산세 등등 세금이 어마어마하다. 첫 집을 장만한 이후 아파트를 사고팔면서 종잣돈을 마련하게 되었고, 잠실의 거주하던 아파트를 팔면서 생긴 10억 원을 어디에 투자해야할까 고민했다. 또 집을 사기에는 세금이 너무 부담스러웠다. 주택에는 세금이 너무 많이 부과되기 때문이다. 그래서 법인을 만들고 조금 더 본격적으로 부동산에 뛰어들기로 했다.

나도 '갓물주'가 되어볼까?

다시 대학원에 입학했다. 건국대 부동산대학원이다. 나는 어떤 일이든 관심을 가지면 철저히 따져보고 파고든다. 부동산 거래를 몇 차례 하면서 다음 단계에는 건물 매매도 해보고 싶어 관심을 두게 됐고, 기왕이면 잘하고 싶어 진학까지 결정했다. 내 성향상 본격적으로 빠져들면 반드시 잘해낼 것이기 때문이다.

건물은 아파트와 달라서 공부해야 할 것들이 백만 가지는 됐으니 학교에 가서 제대로 배우고 싶었다. 또 전업한다면 그 분야의 인맥과 정보도 필요하므로 현업에 있는 대표들도 만나고 싶었다. 대학원에 입학하니 동기며 선배들이 모두 부동산 분야에 종사하는 사람들이라, 내가 궁금하고 갈증을 느끼고 있던 것들을 바로 옆에서 해소할 수 있어 좋았다. 일주일에 7일을 술을 마시며 어울려 다녔고 각종 동아리에서 하는 세미나도 모조리 쫓아다녔다. 건국대 부동산대학원이 명실상부 대한민국 1등 클래스라 저명한 강사들을 모시는 기회가 많았고, 좋은 가격에 알짜 세미나들도 들을 수 있었다.

중개업에 종사하는 친구들을 만나며 전업 가능성에 대한 자문도 구했다. 수입차업계에서 부동산중개업으로 옮길 생각도 해본 것이다.

"부동산은 중개 시장 힘들어요. 수입차 딜러 수입이 더 나을걸요."

대부분 전업은 만류했다. 현재 내가 자동차 딜러로서 잘하고 있으니 그것을 유지하는 게 더 낫다는 이야기였다. 나는 부동산에 관한 내 진짜 목표도 털어놨다.

"저도 언젠가 건물을 갖고 싶은데, 중개하면서 안목을 높이고 혜안도 얻고 싶어서요."

그러자 중개업을 하는 똘똘한 친구 한 명이 그냥 직접 건물을 사보라고 권했다. 본인이 직접 거래를 해보는 것만큼 큰 교육은 없다면서.

"언니가 대충 하겠어요? 얼마나 공부도 많이 하고 꼼꼼히 알아보시겠어요."

듣고 보니 맞는 말이었다. 그래서 용감하게 나섰다. 부동산 중개 분야로 전업하겠다는 꿈은 접고, 건물주의 꿈을 조금 일찍 당겨보기로 한 것이다. 그때부터 거의 1년 동안 발품도 열심히 팔고 공부도 많이 하며 여러 경험을 쌓았다. 관련 앱을 매일 들여다보고 세미나를 찾아다니고 괜찮은 물건을 발견하면 동문 단톡방에 올려 전문가 친구들에게 물어봤다. 내 고객들의 담당 중개인을 소개받아 미등기 물건지를 보러 다니기도 했다. 정말 부지런히 다녔다.

맨 처음 내 희망 대상은 강남에 있는 건물이었다. 지금은 내가 돈을 벌고 있으니 당장 수익을 보는 쪽보다는 시세차익을 얻는 쪽으로 마음먹었다. 하지만 물건지를 보니 가진 돈은 정해져 있고, 내 형편으로 강남에서 살 수 있는 물건이 없었다. 그러던 중 평소 친분이 있던 한 부동산중개법인의 대표로부터 담당자를 소개받아 브리핑을 받아보게 됐다. 그에게 시세차익과 수익률을 적당히 볼 수 있는 홍대 건물을 추천받았다.

　주말이 되자마자 바로 남편과 임장을 다녀왔다. 아침에 가보고 점심에도 가보고 저녁에도 갔다. 평일 낮과 저녁에도 다시 가보고, 심지어 풍수지리를 보는 곳에 가서 자문도 구했다. 물건지를 꼼꼼히 살폈지만, 결정은 3일 만에 했다. 나는 준비는 철저히 해도 결정은 오래 걸리지 않는다. 대부분이 그렇지만 부동산 매입에는 시간이 오래 걸린다. 그러다 보면 나한테까지 안 오고 그 앞에서 선수들한테 다 낚아채이게 되어 있다. 빠른 결정을 내리려면 평소에 준비가 되어 있어야 한다. 많이 알아야 현명한 결정을 할 수 있기 때문에 평소에 계속 봐두고 공부해야 하는 것이다. 그래야 실전에서 좋은 물건을 만났을 때, 빠른 결정을 내릴 수 있다.

　그 건물이 나에게 올 수 있었던 것도 내가 계약하기 직전에 다른 사람과의 거래가 틀어졌기 때문이었다. 이유는 3, 4층에 불법건축물이 있어서 과태료를 내는 점이 그 사람에게는 거슬렸던 것이다. 홍대 주변 건물들은 주차장도 없고, 불법 건축물이 있는 건물이 대부분이다. 베란다, 창고 등을 개조해서 사용하는 경우가 많기 때문이다. 그것이 임대료에 영향을 미치는데, 과태료만큼 임대료로 보완이 되면 문제없다. 이런 사실을 모르고 계약한다면 나중에 불편함을 감수해야겠지만, 나는 이미 이해하고 있었고, 임대료를 통한 해결책도 염두에 두고 있었던 터라 쉽게 결정할 수 있었다. 그렇게 해서 나도 '갓물주'가 되었다.

나는 건물을 70억 원에 매입했고, 금리 2%대 대출을 진행했다. 당시 그 금리면 월 임대료가 이자를 커버하고도 남을 돈이었고, 홍대라는 지역의 이점이 있어 향후 엑시트할 때도 시세차익을 볼 거라 예상했다. 한때 금리가 6%까지 올라가 3개월간 고생했지만, 바로 4%대 고정금리로 갈아타서 지금은 임대료와 이자를 비슷한 금액으로 유지하고 있다. 앞으로 금리가 내린다는 소식이 전해지고 있어 다시 수익이 날 그날을 기다리고 있다. 물론 그사이 건물 시세가 20%가량 올라 100억대가 되었다. 지금은 버티는 사람이 이기는 사람이 될 것이다.

부동산대학원 박사 준비생이 되다

내가 건물주의 꿈을 이루게 된 것은 부동산대학원에서 배운 지식과 안목, 주위의 도움 덕분이다. 건국대 부동산대학원에 입학해 공부하며 확실히 부동산에 좀 더 친밀하게 다가갈 수 있었다. 부동산을 본격적으로 공부하는 데 최적의 조건이라는 게 너무 좋았다. 친구, 동생, 선배 들이 모두 다 부동산 관련인이라 전부 조언을 아끼지 않는데, 이것이 큰 도움이 된다. 나와 계약 관계에 있는 사람들보다는 아무래도 훨씬 객관적인 조언을 해줄 수 있으니 말이다. 세무사, 감평사, 중개사, 관공서 직원 등등의 친구들이 생겨, 전화만 하면 고급 정보를 편하게 들을 수 있어서 진짜 좋다.

석사를 만족스럽게 마친 어느 날 중개하는 친구 소개로 선배 언니 한 분을 만났다. 대학원 원우회장까지 했던 분이었는데, 나에게 박사를 하라는 권유를 하지 뭔가.

"저는 부동산업에 있는 사람도 아닌데요. 그렇다고 제가 대학 강의료 받으면서 시간강사 할 것도 아닌데, 굳이 박사까지 할 필요 있나요."

그렇게 고사하고 말았다. 그러던 중 대학원 동갑 모임에서 상장사의 계열회사 대표를 하는 친구를 만났더니, 그도 나에게 박사를 하라고 권하는 게 아닌가. 어느 회사나 부동산을 관장하는 부서가 핵심 부서이고 잘나가는 부서라며, 박사과정까지 꼭 해두라고 했다.

나는 정체되는 것, 안주하는 것을 못 견딘다. 항상 위로 올라가고 목표를 가지고 새로운 도전을 할 때 에너지가 샘솟는다. 부동산학 박사라는 목표를 새롭게 설정했다. 정확히 확인한 숫자는 아니지만 전국에 부동산학 박사가 약 800명이고, 그중 절반이 전주대에서 박사를 했다는 정보도 선배 언니에게서 들었다. 그래서 나도 전주대에서 박사과정을 시작하게 되었다. 학력에 한풀이는 다한 줄 알았는데, 꿈도 꾸지 않았던 박사학위를 결국 취득했다. 배움의 끝은 어디까지인지. 할 수 있을 때 하는 것도, 할 수 있는 기회를 잡는 것도 모두 내게 주어진 복이라고 생각한다. 모두에게 감사할 따름이다.

가진 것 없는 사람이 자산을 쌓는
가장 현실적인 방법

유튜브를 통해 내가 압구정동 현대아파트에 거주하고, 100억 원짜리 건물도 소유한 건물주에, 자산이 200억 원에 달한다는 사실이 소개되자 주변에서부터 여러 반응이 쏟아졌다.

"좋겠다. 강남, 그것도 압구정에 아파트도 있고."

"돈이 있으니 강남에도 살고, '갓물주'도 되는 거지. 가진 게 있어야 시작도 하지."

이미 밝혔지만, 나는 흙수저도 아닌 무수저다. 맨손으로 시작한 사람이다. 열심히 일해 돈을 벌었고, 대출받아 처음 산 신혼집을 시작으로 부동산을 굴려 자산을 늘려왔다. 세일즈에 대해서든, 부동산에 대해서든 노하우를 물어오는 사람들에게 나는 내 경험을 바탕으로 조언해준다.

"빨리 집부터 사. 부동산에 일찍 눈떠봐."

그러면 "돈이 있어야 시작하죠", "집보다 건물에 투자하는 건 어떨까요" 하고 답답한 소리를 한다. 큰 것만 노리느라 시작을 못 한다. 첫술부터 배부르기를 바라는 거다. 지금 가지고 있는 돈, 지금 서 있는 위치에서 시작하면 되는걸. 지금 부러워하고 있는 남들의 성취도 대부분은 아주 초라한 출발에서 비롯된 것들임을 기억해 두면 좋겠다.

결핍과 설움이라는 원동력

나는 집에 대한 결핍이 있었다. 어린 시절 판잣집에 가까운 낡고 좁은 집에 살기도 했지만, 20대 초반에 언니와 함께 세 들어 살던 성남의 반지하 전세방에서 '내 집 없는 설움'을 많이 느꼈다. 집주인 아줌마는 아래에 세 들어 사는 네 가구에 계단 청소와 화장실 청소 조를 짰췄다. 부부가 사는 집, 어르신들이 사는 집, 외국인 노동자가 사는 집, 그리고 우리 집이었는데, 우리 자매 말고는 제대로 하는 집이 없었다. 그런데도 어린 여자 둘이 사니까 만만하게 보고, 대놓고 무시하며 트집을 잡았다. 집 앞에 왜 차를 대놓느냐고 야단을 치고, 어려운 청소는 우리한테만 시켰다. 아예 자기 집에 불러 앉혀놓고 "부모 없이 너희끼리 살아서 예의범절을 모르나 본데" 하는 드라마에서나 보는 폄하도 서슴지 않았다.

언젠가 고객 한 분에게 서류를 전달해야 했는데, 그분이 성남의 한 카페로 가져다 달라고 했다. 주소를 받아보니, 내가 너무 잘 아는 동네였다. 언니랑 살았던 바로 그 동네 말이다. 고객은 재개발을 앞두고 있던 그 지역에서 나오는 입주권, 흔히 말하는 '딱지'를 사들이고 있던 부동산 큰손 사모님이었다. 당시에도 그 동네 집값은 얼마 안 됐다. 그때가 내가 잠실 5단지를 15억 원에 매수하기 직전이었으니, 내가 가진 돈으로 오래전 세 들어 살던 집 정도는 몇 채라도 살 수 있었다. 집 하나 있다고 잔인하게 유세를 떨던 주인집 아줌마가 새삼 떠올랐다. 복잡한 마음으로, 그날 저녁 집에 와 남편한테 얘기했다.

"거기 개발된다는데, 내가 그 동네 집들 통으로 사버릴까? 그 아줌마 집 현금으로 사서 백 원짜리 동전으로 바꿔줄까?"

반농담처럼 이야기하며 웃었지만, 마음 한편이 아렸다. 물론 그

동네 집을 사지는 않았고, 두 번 다시 가보지도 않았다.

내가 처음 내 집을 마련한 이래, 부동산은 내게 초라한 모습으로 떠났던 고향에 금의환향하는 것 같은 감정을 불러오게 한다. 부동산은 자산 가운데도 눈에 보이는 것 아닌가. '그동안 잘 살았고, 훌륭하게 해냈다' 하고 나 자신을 토닥토닥 위로하고, 남들에게 내 성공을 무언으로 보여줄 수 있는 것으로 부동산만 한 게 없는 것 같아서, 부동산에 더욱 애착을 갖게 된 것 같다.

서러움과 결핍은 더 치열하게 일하게 하고, 더 높은 곳으로 오르게 하는 원동력이 된다. 더 갖고 싶다는 마음은 있으면서도 흐지부지 목표를 이루지 못하고 있다면, 죽을 둥 살 둥 절실하게 매달려지지 않는다면, 어쩌면 당신은 아픈 결핍이 없는 사람인지도 모른다.

절약의 맛, 적금의 맛

요즘은 주식, 코인 등의 투자에 일찍부터 눈뜨는 MZ들이 많다. 부동산 투자에도 일찌감치 관심 갖고 '임장 크루'를 만들어 매물을 보러 다니고 정보를 공유한다는 이야기도 들었다. 그런데 이 모든 투자의 기초는 시드머니다. 부지런히 투자 정보를 찾아다니는 사람이 있는가 하면, 얼마 안 되는 월급으로 할 수 있는 게 없다며 아예 시드머니조차 마련하지 못하는 사람도 있다. 그런 친구들에게 내가 권하는 것은 절약의 맛, 적금의 맛에 빠져보라는 것이다. 시대착오적이라고 생각할지 모른다. 하지만 지금은 'Back to the basic!, 기본으로 돌아가야 할 때'다.

노하우를 배울 수 있는 매체는 널렸다. 유튜브만 봐도 월급 250만 원을 받는 직장인이 어떻게 1억 원을 모으고, 그걸 종잣돈 삼아 어떻게 재테크를 해나가야 하는지 단계별로 상세히 안내해주는 채널들이 있다. 실제로 잘 짜여 있어, 그것만 제대로 따라 해도 무조건 성공할 수 있다.

모든 일이 그렇듯 무언가를 얻기 위해서는 무언가를 포기할 줄도 알아야 한다. 과감하게 허투루 나가는 소비를 줄이는 것이 시작이다. 요즘 지출을 최소화하는 '짠테크'도 유행한다는데, 무리할 필요는 없지만 내 일상에서 새 나가는 돈이 무엇인지 살펴볼 필요가 있다. 나는 친한 후배들한테는 독설도 서슴지 않는다.

"돈 없다며 고양이는 왜 키우는데? 스타벅스는 왜 가는 거야? 회사에 커피 있는데 그거 마셔."

"네가 지금 벤츠 탈 때야? 금통 시계 찰 때냐고!"

"집부터 옮길 생각을 해. 출퇴근에 2시간씩 걸리면서 피곤하다고 하지 말고, 가까운 데로 이사 와서 그 시간에 전화 한 통이라도 더 돌려. 돈을 더 벌어야지."

꼰대라고 욕먹을까? 목표가 있는 사람은 그 목표를 향하는 노력이 남과 달라야 한다고 믿는다. 자조부터 하기 전에 노력을 먼저 해보자는 얘기다. 실행을 해야 결과도 따라온다.

해외여행 매년 안 가도 괜찮다. 호텔 뷔페 안 가도 된다. OTT 종류별로 다 보지 않아도 괜찮다. 카드는 왜 프리미엄이 필요한가? 친한 고객들과 여행 다니다 보면, 큰 회사 대표도 연회비 8천 원짜리 카드를 쓴다며 공항 라운지 혜택이 없다고 하는 걸 본다. '아, 그래서 부자구나' 싶었다. 월급 250만 원 받으면서도 핫 플레이스 찾아다니며 맛있는 거 먹고, 휴가철마다 해외여행 다니면서 종잣돈을 만들려니, 모든 게 불가능해 보이기만 하는 것이다. 불필요한 소비를 줄이면서, 누수를 막아야 한다. 내 생활비에서 줄일 수 있는 게 뭔지부터 다 따져보면 많은 것을 줄여나갈 수 있다.

오래전 이야기지만, 나는 신혼살림도 거의 홈쇼핑에서 산 '저렴이'들로 채우고 시작했다. 남들은 신혼살림으로 대형 TV부터 시작해 예쁘고 좋은 것들로 장만하던 때, 우리 집에서 제일 비싼 가구는 홈쇼핑에서 산 19만 9천 원짜리 침대였다. 그래도 상관없었다. 외식이라고는 몰랐고, 일요일에 한 번 집 앞 정육점에서 삼겹살을 사다 구워 먹는 게 유일한 사치였지만 행복했다. 그렇게 모은 돈으로 대출을 갚아나가며, 점점 빚이 줄어드는 것을 보며 힘이 났다.

직장 생활 초창기에 나는 한 달에 20만 원만 쓰며 적금을 들었다. 한 푼 두 푼 모아 적금을 탈 때의 그 기분을 지금도 잊지 못한다. 그리고 그렇게 살아온 시간이 아직도 뿌듯하다. 감히 말하자면, 투자한 주식의 주가가 올라가는 걸 볼 때의 짜릿함에 맞먹는다. 요즘 세상에 누가 적금을 드냐고들 말하지만, 나는 적금도 적극 권한다. 주식과 달리 적금은 급등하며 예상 못 한 대박을 가져올 일은 없지만, 떨어질 위험도 없고 본전을 까먹을 위험도 절대없다. 또, 돈 모으기의 기본 태도를 만들어준다는 점에서도 추천하고 싶다. 성실하게 목표를 이뤄가는 좋은 훈련이 될 뿐 아니라, 운이 아닌 노력으로 승부를 보는 습관도 심어준다.

기댈 곳 하나 없이 맨몸으로 시작한 나는 무리한 꿈을 꾸지도 않았고, 횡재를 기대하지도 않았다. 오로지 내가 열심히 벌고 독하게 모으고 치열하게 공부하는 방법밖에 없다는 걸 일찌감치 깨달았다. 나와 같은 처지에 있는 사람이라면, 혼자 힘으로 올라서야 하는 사람이라면, 내가 돈을 모은 방법을 따라 해봐도 좋을 것 같다. 남들 놀 때 눈 질끈 감아야 하는 순간도 많겠지만, 그 노력이 보상받는 순간은 반드시 온다.

똑똑한 집 한 채를 목표로

내가 부동산 경험이 많으니, 젊은 직원들도 조언을 구할 때가 많다.

"어디를 사야 해요?"

무주택자가 이런 말을 하면 속이 터진다. 상급지부터 시작하고 싶은 마음에 안달하는 것은 알겠지만, 그랬다가는 평생 무주택자로 남는다. 나도 처음에는 변두리의 작은 집부터 시작했다. 그것을 키워나가면 된다. 현금을 20억 원씩 갖고 있으면서도 전세 살면서 초상급지만 쳐다보는 사람도 봤다. 그러면서 내가 건물을 사니까 건물 시세를 알아본다.

"네가 지금 건물 살 때야? 집부터 해결하고 와."

시드머니를 마련한 다음에 부동산에 관심을 돌리려 한다면, 똑똑한 내 집 한 채부터 장만하라고 권한다. 그런 다음 비즈니스를 하고 재테크를 해야 심적 여유도 생긴다. 무주택자가 1가구 1주택을 달성하는 단계에서는 투자 목적보다 실거주를 생각해야 한다. 살고 싶은 곳에서 집을 사야 오르고 내리는 것에 일희일비하지 않고 대출을 열심히 갚게 된다. 그곳에서 살면서 대출을 갚아나가고, 그 대출이 모두 끝나면 그때 비로소 투자를 생각하면 된다.

집값이 오르고 내린다는 뉴스들에 겁을 먹고 주춤하는 사람들이 많다.

"집값이 더 떨어진다는데, 사도 될까요?"

"사야지. 무조건 사."

　부동산은 상급지만 살 생각하지 말고, 잘 찾아보면 저평가 된 곳이 많으니 그런 곳부터 시작하면 된다. 나도 2억 2천 5백만 원이었던 신정동 아파트에서 시작했다. 서울의 외곽에서부터 나홀로 아파트부터 시작해서, 현금 집이 되면 또 옮겨가며 키우면 된다.

재테크의 첫 번째 비결은 치열하게 살기

　모두가 꿈꾼다는 건물주의 꿈도 이뤘고 자산도 어느 정도 쌓아온 나에게 비결을 묻는다면, 치열하게 산 것을 꼽겠다. 열심히 차를 팔아 대출금을 갚았기 때문에 부동산을 키워갈 수도 있었다. 자신의 본업에 지독하게 매달려 몸값을 올리고 수입을 늘려가는 것이 가장 좋은 투자다.

　나는 내 발전이 정체돼 있다고 느낄 때, 과감하게 이직을 하며 수입의 규모를 키웠다. 누구보다 열심히 일하고 있음에도 그만큼의 대가를 받지 못한다고 생각하면, 꼼꼼히 알아본 뒤 이직으로 몸값을 올려야 한다. 한 직장에 오래 다니다 보면 회사를 옮기는 것 자체를 두려워하게 된다. '내가 다른 곳에 가서도 잘할 수 있을까' 하는 두려움 때문에 발전이 없어도 그대로 눌러앉는 경우도 많이 봤다.

OB모임에 나가 보면, 연봉을 올리며 점프업 해야 할 때 두려움에 그대로 남아 있던 사람들이 여전히 비슷한 연봉을 받으며 후회하는 것을 보게 된다. 기회가 오면 잡아야 하고, 때가 됐다는 생각이 들면 스스로 기회를 만들어 도전해야 한다.

나의 유튜브 콘텐츠를 보고, 자신도 새로운 일에 도전하고 싶다는 메일을 보내는 분들이 많다. 나는 일단 도전하라고 권한다. 주저하며 선택을 고민할 시간에, 행동에 옮겨 준비하는 것이 낫다. 예를 들어 치킨집을 해보고 싶다면 고민할 시간에 치킨집에 들어가 알바로 일하며 경험해보기를 권한다. 그렇게 작은 시도부터 해볼 때, 내가 꿈꾸던 길에 한 걸음 더 가까이 가게 된다. 그렇다고 무턱대고 때려치우고 나와 치킨집부터 차린다면 100% 망한다. 용기를 내는 만큼 철저한 준비도 필수다.

나는 지금도 새로운 도전이 하나도 무섭지 않다. 세일즈라는 일을 너무나 사랑하고, 지금 직장에서의 성과가 만족스럽지만 이것이 영원할 거라 생각하지 않는다. 환갑이든 칠순이든 필요한 때가 오고, 하고 싶은 일이 생기면 나는 과감하게 도전할 것이다. 그러니 젊음이라는 가장 큰 자산을 가진 이들이라면, 더 큰 자신감으로 도전하기 바란다. 지금, 당장!

기댈 곳 하나 없이 맨몸으로 시작한 나는
무리한 꿈을 꾸지도 않았고,
횡재를 기대하지도 않았다.
남들 놀 때 눈 질끈 감아야 하는 순간도 많겠지만,
그 노력이 보상받는 순간은 반드시 온다.

5장

부자 고객들을 만나고 깨우친

돈을 초고속으로 키운

7가지 태도

1.

부자가 되고 싶다면
부자들의 속성을 알아라

한국 과학 발전을 위해 카이스트에 766억 원을 기부한 광원산업 이수영 회장이 〈유 퀴즈 온 더 블럭〉에 출연한 방송분을 봤다. 그분은 '부자가 되려면 어떻게 해야 하느냐'는 질문에 근검절약하라는 말을 제일 먼저 했다. 그러면서 자신이 입고 있는 블라우스도 10불짜리고, 10불 이상의 옷은 안 산다고 했다. 하지만 차는 무엇을 타시느냐는 질문에는 "차야 '벤쓰'를 타지"라고 말하며 웃었다. 어르신들의 벤츠에 대한 단적인 모습을 본 것 같아 나도 웃음이 났다. '벤쓰'라고 발음하는 것까지도.

벤츠는 연배가 있는 분들에게는 신뢰의 상징이고, 부의 상징이다. 그러면 벤츠를 우리나라 상위 1%들만 탈까? 반드시 그렇지는 않다. 내 고객들은 여러 업종의 직업군이 분포되어 있고, 남녀노소로 범주도 많이 넓어졌다. 그래도 벤츠라는 자동차를 구매하는 소비자는 경제적으로 여유 있는 분들이다. 하는 일도, 가치관도 다양하지만 어쨌든 나는 이 일을 하며 많은 부자를 만나게 됐다.

내가 14년 동안 부자들에게서 배운 것

내가 만나는 고객은 앞서 이야기한 것처럼 대부분이 소개로 오거나 재구매하는 고객이다. 그러다 보니, 대체로 구매하고자 하는 차량을 정해서 오는데, 차량 관련해서 짚어야 할 중요한 사양에 대한 설명이나 기능에 관한 설명, 또 시승에 대해서는 전문 프로덕트 익스퍼트Product Expert 직원들이 담당한다. 나는 고객이 어떤 구매 방법을 선택할지 금융상담에 더 치중하는 편이고, 세무 처리 방법에 관련한 설명도 돕는다. 우리 고객들의 차량 선택에 있어서 큰 부분이기 때문이다.

이런 이야기를 나누다 보면 자금 관련 내용이나 개인 또는 법인의 재무 상황 등도 이야기하게 되고, 고객의 현재 상황에서 어떤 방법으로 차량을 구매해야 좋은지도 안내하게 된다. 증여 이슈가 있는지, 자동차로 비용처리가 어떻게 되는지 등도 이야기하는데, 때로는 세무조사를 받은 경험, 잉여자금의 투자 고민 같은 이야기까지 대화가 연결되고, 나중에는 자녀 결혼, 출산, 시계, 부동산,

애인, 학교, 소개팅 등등 배가 산으로 가는 말도 안 되는 얘기들로 접어든다. 중요한 논의부터 사소하고 개인적인 이야기들과 인생사까지 대화는 무궁무진하게 이어진다. 상담 자리가 아니라 오랜 지인과의 수다 자리처럼 깔깔대고 웃기도 한다. 그러면서 고객과 친해지게 된다. 나는 진심으로 그분들의 얘기가 궁금하고 재미있다. 삶의 태도부터 일상의 노하우까지 배울 점도 너무 많다.

굉장한 부자인데도 그랜저 차량을 20년 가까이 타고 있는 분도 봤고, 자고 일어나면 돈이 쌓인다면서 젊어서 다 쓰고 죽으라고 조언하는 어르신도 만났다. 그런 분들의 인생 이야기를 듣다 보면 살아 있는 교과서가 따로 없다. 듣는 것만으로 내가 다 힐링이 되는 것 같다.

호기심도 많고 항상 남들에게 배우고 싶어 하는 내 성향상, 비결을 물어볼 때도 많다. 재테크 비결은 뭔지, 사업체를 키울 수 있던 원동력은 뭔지, 직원들을 이끄는 리더십은 뭔지, 자녀 교육 비결은 뭔지, 온화한 성품의 비결은 뭔지 등등 궁금한 게 있으면 질문도 많이 한다. 부럽고 닮고 싶은 게 있으면 물어보고 배우는 게 내 특기다. 내가 개설한 유튜브 채널 〈윤터뷰〉에서도 더 깊이 알고 싶었던 분들을 초대해 인터뷰하고 있는데, 기왕이면 나뿐 아니라 많은 분이 함께 지혜와 영감을 얻을 수 있기를 바라는 마음에 시작했다.

내가 만난 부자들의 공통점

나는 부자들에게서 많은 공통점을 발견했다. 대부분 비전을 가지고 목표를 향해 노력하는 것이 특징인데, '이래서 부자가 되는 구나' 깨닫게 되는 면면들도 많다. '부자가 더 무섭다'며 '자린고비' 이미지를 부자들에게 투영하는 경우가 많은데, 정말 부자들은 기본적으로 검소할까? 그렇지 않다.

부자들은 필요하다고 생각하는 것에는 돈을 아끼지 않는다. 단, 가격을 비교해서 정확히 확인한 뒤 구입하고 오래 사용한다. 좋은 걸 사서 오래 쓴다는 얘기다. 안전도 생각하지만 남의 시선도 생각하며 품위 유지나 하차감도 매우 중시하는 경우가 많다. 그렇지만 만 원짜리 한 장도 허투루 쓰지 않는다. 2억 원짜리 차를 사면서 총액 뒤의 우수리 금액을 가지고 실랑이를 벌이기도 한다. 안 써도 될 돈이 나가는 걸 엄청 싫어해서 수수료, 과태료, 연체료 등은 작은 액수라 할지라도 절대 나가지 않도록 조심한다.

보스턴백 10만 원짜리를 판촉물로 드렸는데, 끈이 뜯어졌다고 하나 더 달라고 하신 분이 있다. 웬만하면 새로 사면 되고, 그분한테는 훨씬 고가의 좋은 가방들이 있는데도 말이다. 그것도 내가 처음 드린 가방을 5년 동안 잘 쓰셨고, 낡았다고 해서 새로 하나 드렸더니 이걸 쓰다 끈이 떨어졌다며 또 달라고 하신 거다. 이분은 내가 만난 분 중에 재산세 납부액으로는 1등인 분이다. 찐부자도 이렇다.

부자들은 의심이 많고 경계심도 크다. 특히 연배가 있는 분들일수록 가까워지는 데 시간이 걸린다. 하지만, 한 번 인정받으면 인연이 쭉 이어진다. 의심이 많은 이유는 실제로 속아본 경험이 많았기 때문일 것이다.

나는 우리 차를 구입한 고객의 기존 차량을 판매하는 것도 돕는데, 그런 과정에서 인적 사항이나 구매 방안 등 가능한 고객에게 가장 유리한 걸로 제안 드리려고 이것저것 많이 여쭤본다. 그럴 때 나를 못 믿고 말씀을 안 해주는 경우가 많다. 수시로 통화하고 연락하며 서너 달이 지난 뒤에야 알려주시거나, 심지어 몇 년이 지나서야 알려주는 분도 있다. 신원도 확실한 수입차 신차 딜러이니 어느 정도 신의를 갖추고 있다고 생각하는데도 의심으로 마음의 빗장을 잘 안 여시는 분들이 있는데, 그 문을 열려면 시간과 노력이 정말 많이 필요하다.

그러다 보니 오랜 시간 변함없는 모습을 높이 사주는 분들 또한 많다. 수년간 내가 보낸 DM이나 문자를 받아보고 찾아주시는 고객들이 그렇다. 그동안 윤미애의 성실함과 꾸준함을 보고 전문가다운 면모에 신뢰를 갖게 됐다고 하신다. 그 과정에서도 확인은 기본이라, 기존에 그분이 거래했던 타 브랜드 딜러에게 윤미애라는 사람이 잘하는 사람이 확실한지 물어보고 오신다. 타 브랜드 딜러가 나한테 전화해서 "○○ 손님이 이사님에 대해 물어봤다"라고 알려주는 사례가 적지 않다.

부자들은 인프라가 좋아 그 인프라를 적극 활용한다. 원래 고급 정보라는 것은 높은 곳으로 올라갈수록 집중되게 마련이다. 그런데 그 고급 정보를 가진 사람들의 네트워크가 탄탄하니 그것을 활용하며 이득을 얻는 경우가 많다. 차량뿐 아니라 부동산 등 무엇인가를 매매할 때 가격, 세법, 효율성 등을 크로스 체크로 많이 알아본다. 또 그럴 때는 비용을 들여서라도 전문적인 도움을 받는다. 그러니 실수가 적고, 손해도 덜 보게 되니 부익부 빈익빈이 되는 것이다. 부자들의 네트워크 가운데는 정서적인 믿음을 주는 조력자도 많다. 스님, 목사님, 신부님 등 종교적인 힘을 주는 분들이나 심지어 역술인까지도 조력자로 두고 본인의 선택에 정신적 지지를 받는 것 같다.

부자들은 친절하다. 얼마 전 유튜브로, 택배 일을 3년간 하고 있는 분이 부촌의 아파트를 돌 때는 사람들이 엘리베이터도 잡아주고 인사도 잘한다며 경험담을 얘기하는 걸 봤다. 오히려 왜 공용 엘리베이터를 이용하느냐, 왜 오랫동안 엘리베이터를 잡고 있느냐고 비난하거나, 땀내 나는 자기를 벌레 보듯 하는 건 부촌의 아파트가 아니었다는 것이다. 내가 경험한 것도 비슷하다. 서비스하는 분들에게 부자들이 더 친절하고 배려심이 많은 것을 자주 경험했다.

부자들은 매사에 긍정적이다. 든든한 배경이 있어서인지 모르겠지만, "다 잘될 거니까 버텨보자" 하고 격려하며 지켜보는 쪽이다. 컵에 물이 반이 있으면 '반밖에 안 남았네'가 아니고, '반이나 남았네'처럼 긍정적이다. 그들이라고 위기와 갈등을 겪지 않는 게 아닐 텐데, 긍정적인 태도로 금방 극복하고 방법을 찾아나가는 모습을 자주 본다. 나 같으면 '어떡하지, 어떡하지' 하고 안달 낼 일도 '잘될 거예요' 하고 기다리는 여유가 있다. 그런 마인드를 정말 많이 배우고 있다.

부자들은 신뢰를 생명처럼 여긴다. 상담을 위해 약속을 하거나, 골프를 갈 때도 대부분 약속 시간보다 먼저 와서 기다린다. 나도 일찍 가는 편인데, 심지어 골프 티오프 한 시간 전에 와 있는 사람들도 있다. 자신도 신뢰를 지키는 만큼 상대도 철저하게 지키기를 바라고, 신뢰가 깨졌을 때 관계도 깨진다.

나는 타인의 장점을 빠르게 잘 발견하는 좋은 눈을 가졌다. 그래서 그것을 내 것으로 만들며 성장했다. 부자들을 많이 만나면서도 '아, 이분들은 이래서 부자가 됐구나' 하고 배우게 된 점들이 많다. 반면교사도 있다. 안 좋은 일을 하거나, 좋지 않은 방법으로 일하는 분들은 카르마가 되어 어떻게든 그 자신에게 돌아가는 것도 봤다. 물론 내 고객 중에는 없지만, 건너 들은 경우는 많다.

우리는 오래된 유교문화 때문인지 부자에 대해 색안경을 쓰고 보는 경향이 있다. 부자의 돈은 '검은돈'일 것이고, 정당하지 않은 방법으로 돈을 벌었을 것이며, 피도 눈물도 없을 것 같다는 등의 편견들. 그러면서도 누구나 부자가 되고 싶어 한다. 부자가 되고 싶다면 부자들의 속성을 알 필요가 있다. 그들이 돈을 벌고 모으고 지켜온 방법 속에서 따라 하고 힌트를 얻을 게 있다면 자신의 삶에 적용해보면 좋겠다.

2.

원-윈 할 수 있는
관계를 형성하라

'우리 모두가 똑같은 출발점에서 시작하는 게 아니구나' 하고 느낄 때가 참 많다. 이른바 '금수저'들을 많이 보기 때문이다. 그런데 정작 부러운 것은 그들이 태어날 때부터 가지고 있는 금전적인 '부' 자체가 아니다. 그들이 맺고 있는 네트워크가 부럽다.

유유상종이란 말이 딱 맞아서, 벤츠를 타는 고객들은 벤츠를 탈 만한 사람들과 어울린다. 거리에 나가서 수많은 사람을 만나 벤츠를 파는 것보다, 주변에 벤츠 타는 사람을 통해 소개받는 게 무엇보다 쉬운 지름길이 된다는 뜻이다. 그들만의 리그가 있어서 큰 금액의 사업 수주나 사옥 매입 등에도 서로 도움을 주고받는다.

어떤 회사 대표님이 강남에서 새롭게 사업을 시작하려 한다는 말을 들었다. 나는 높은 임대료를 유지할 수 있을지, 가장 큰 고정 비용으로 일을 벌인다는 게 성공에 과연 도움이 될지 염려 섞인 말을 건넸다. 참으로 쓸데없는 오지랖이었다. 청담동에 있는 건물을 보유하고 있는 친구가 그냥 입점해서 10년 동안 무상으로 쓰라고 했다는 것이다. 그 비싼 땅에 10년 무상 임대라고? 와! 그렇게 시작하는 사람과 비싼 임대료를 치르느라 고생고생하는 사람이 같이 경쟁한다면? 출발점이 이렇게 다른데 결과는 얼마나 달라지겠는가. 너무나 부러웠다. 부자들은 서로서로 그렇게 도움을 주고받으며 우리가 모르는 규칙 속에서 살아간다.

그들만의 '믿음의 벨트'

영화 〈기생충〉에서 부잣집 사모님 연교가 사람을 소개받는 이야기가 나온다. 일리노이 시카고 출신이라는 일명 제시카 선생님을 아들의 미술 교사로 소개받고, 그 선생님으로부터 운전기사도 소개받는다. 그럴 때 연교가 한 말이 있다.

"믿는 사람 소개로 연결, 연결. 이게 베스트인 거 같아요. 일종의 뭐랄까, 믿음의 벨트?"

나는 정말 이 부분에서 폭소가 터졌다. 영화는 블랙코미디였기에 잘못된 '믿음의 벨트' 때문에 파국이 오는 상황을 그리고 있다. 하지만, 엄밀히 따져보자면 영화 속 주인공처럼 그렇게 허술하게 사람을 믿는 부자들은 없다. 그럼에도 뒤통수를 맞을 때도 있긴 하겠지만, 영화보다 진입장벽이 훨씬 높은 것만은 사실이다. 그런 다음 견고하게 구성한 '믿음의 벨트' 안에서 움직인다.

나는 부동산대학원에 가면서 비슷한 것을 경험했다. 그곳에는 전국의 부동산 전문가들이 다 모여 있으니 그들하고 만나서 대화하면서 습득하는 게 엄청난 도움이 됐다. 책을 보고 인터넷을 열심히 뒤진다고 해도 얻을 수 없는 생생하고 신속한 정보들이 오고 갔다. 내가 만약 그런 지인들 없이 혼자서 공부하려고 했다면, 세미나에 열심히 다니고 정보를 파고들어도 한계가 있을 것이다. 정보가 많다고 좋은 게 아니라, 판단하는 눈이 중요하기 때문이다. 구슬이 서 말이라도 꿰어야 보배라는 말은 역설적으로 요즘 시대에 꼭 맞는 속담이다. 쏟아지는 정보 속에서 제대로 된 정보를 걸러내 현명하게 꿰어낼 수 있는 사람이 승자가 된다. 그런데 그 '안목'을 도와줄 수 있는 사람들이 주변에 많다면, 훨씬 빠른 지름길에 올라선 것이 된다.

부자들, 흔히 상위 1%에 속한다는 사람들은 피라미드의 꼭대기에서 만나는 사람들이다. 아래에서는 다섯 다리를 건너야 알 수 있는 관계라면 저 위에서는 직접 아는 사람이 된다. 그들끼리 서로 차도 사줄 수 있고 건물도 사줄 수 있다. 내가 피라미드의 저 아래에서는 4단계쯤 걸쳐야 어렵게 소개받을 수 있는 사람들을 그들은 쉽게 만난다. 결정권자 한 사람을 만나려면 4단계쯤은 거쳐야 해서, 하나하나 올라가 이 사람 사귀고 또 올라가 저 사람 사귀며 도장 깨기 하듯 올라서야 했던 사람이, 어느 순간 레벨이 높아지면 쉽게 문을 열고 결정권자를 만나게 된다는 의미다.

앞서 이야기했지만, 나 역시 수입 자동차 업계에서 면접 한 번 볼 기회도 얻기 힘들던 시절이 있었다. 천신만고 끝에 발을 들여놓게 되었지만, 이제는 내가 원한다면 누구라도 만날 수 있는 위치에 서게 되었다. 또 오랫동안 일하며 고객이 늘어나고, 윤미애라는 이름이 신뢰를 받게 되면서 이 업계뿐 아니라 다른 분야에서도 피라미드 꼭대기에 있는 사람들을 예전보다 훨씬 쉽게 만날 수 있게 됐다.

평판을 관리하고 관계를 형성한다

세일즈야말로 사람과의 관계가 무엇보다 중요한 일이다. 내 물건을 팔아줄 수 있는 수요자를 많이 아는 게 중요하고, 그런 의미에서 넓은 인맥 형성을 위해 노력할 필요가 있다. 실질적으로 도움을 받을 수 있는 그룹에 가까워지는 것이 중요하다. 내가 부동산에 관심이 있어서 부동산대학원에 가서 인맥을 넓혔듯, 자신이 향하고자 하는 방향으로 중요한 고리들을 만들어가야 한다. 그런데 여기에서 또 중요한 것은 많은 모임에 나가는 게 아니라, 그 모임들에서 나 자신이 인정받아야 한다는 것이다. 그래야 핵심 정보들이 오가는 '이너 써클'에 끼워준다.

어떻게 해야 인정받을까? 나 스스로도 그들에게 인맥으로서의 가치가 있는지 자문해봐야 한다. 그리고 그 수준에 맞추기 위해 많이 공부하고 자격을 쌓아야 한다. 자격을 쌓는 가장 빠른 방법은 내가 일하는 분야에서의 전문성으로 인정받는 것이다. 열심히 실력을 쌓아 성과를 거두고, 좋은 평판이 뒤따르도록 해야 한다.

치과나 피부과에 갈 때도 사람들은 주위에 물어봐서 잘하는 곳을 알아본 다음 결정한다. 맘카페에 열심히 들어가 아이들 학원이나 동네 병원 정보를 알아보는 이유도 검증된 곳을 선택하기 위해서다. 벤츠 같은 자동차를 사는 고객들은 여러 군데에서 알아보고 오는 경우가 많다. 주변 지인들이나 기존에 거래 경험이 있는 딜러들을 통해 추천을 부탁하는데, 그때 나를 소개받아서 오는 분들이 상당히 많다.

"내가 여기저기에다가 벤츠 딜러 좀 소개해달라고 했더니 두 명이나 윤 이사님을 소개해주네요."

벤츠 딜러가 전국에 몇천 명인데 두 사람한테서 같은 인물을 추천받으니 믿을 만하다 싶어 왔다는 것이다. 부의 세계에만 피라미드가 있는 건 아니다. 어느 업계에서든 실력에서도 피라미드는 형성되고 그 TOP에 있는 사람은 많지 않다. 자기 분야에서 상위에 오르면, 다른 분야의 인맥을 형성할 때도 프리미엄이 있다. 굳이 아래에서부터 여러 단계의 검증을 거치고 올라가지 않아도 된다. 내 분야에서 검증받은 것만으로 신뢰라는 카드가 이미 주어졌기 때문이다. 그러니 어느 분야에서든 높이 올라갈 수 있도록 노력해야 한다. 그러면 내가 원하는 것을 손에 넣을 때 한층 쉬워진다.

결코 사소하지 않은, 사소한 차이

내가 고객을 잘 대하는 2가지 원칙이 있다. 첫째, 관찰하고 숙지하기. 둘째, 물어보고 기억하기다.

부자들은 고급 서비스에 익숙하다. 고급 레스토랑이나 호텔은 고객에게 불편함 없는 완벽한 서비스를 추구한다. 있는 듯 없는 듯 보이지 않는 곳에서, 고객이 요구하기 전에, 때로는 필요하다는 것을 의식하기도 전에 먼저 제공하는 서비스를 추구한다. 그런 서비스에 익숙한 사람들이 내 고객이다. 그런 분들이라 굳이 말로 표현하지는 않아도 굉장히 예민하다. 그래서 나는 관찰하고 물어보고 알아낸 것을 기억했다가, 적시에 자연스럽게 적용한다. 그런 작은 차이가 다시 나를 찾게 만드는 힘인 것 같다.

나는 고객의 사소한 행동이나 말을 지나치지 않는다. 한 고객이 차를 탈 때 미끄러지듯 앉지 않고 수직으로 앉는 걸 봤다. 카시트에 주름이 잡히는 게 싫어서라는 걸 알 수 있었다. 다음에 내가 그분 차에 탈 때 똑같이 앉았더니 그분이 감탄하며 말했다.

"이런 사람은 처음이에요."

이런 일도 있었다. 오랜 기간 다른 딜러와 거래해오던 고객이 그 딜러를 떠나 나를 찾게 됐는데, 전임자를 떠나게 한 결정적인 이유는 '사장'이라고 부르지 말고 '대표'라고 부르라고 해도 계속 사장이라고 불렀다는 것이었다. 고객들은 이렇게 예민하다.

회사에서 상사들에게 인정받는 사람들도 가만 보면 사소한 눈썰미로 상대의 예민함을 채워주는 사람이다. 보고서를 작성할 때 상사가 선호하는 편안한 폰트를 기억해 적용한다거나, 요점부터 확인하고 싶어 하는 성격 급한 상사에게 몇 줄로 요약된 핵심 정리를 보고서 앞에 첨부하는 방식만으로도 가산점을 얻는다.

전문적인 업무에서의 실력은 기본이지만, 거기에 더해지는 사소한 1밀리미터. 그 차이가 전혀 다른 결과를 만들 때가 많다. 부자들은 그런 서비스를 제공받는 데만 익숙한 게 아니라, 자신의 비즈니스에서 이를 중요하게 다루는 사람들이다. 고급 자동차 브랜드일수록 예민한 고객들의 니즈에 부합하는 섬세한 기능을 집

어넣듯, 성공하는 브랜드들도 한 끗 차이의 중요성을 잘 안다. 사소한 차이를 사소하게 취급하면 안 된다. 사소한 것도 놓치지 않는 치밀하고 날카로운 감각이 우리를 부자에 더 가깝게 만들어줄 것이다.

3.

최고를 얻으려면
돈을 지불하라

신뢰는 생명이다. 내가 한 말은 그냥 '무조건 지킨다!'라고 생각하면 된다. 대신 나는 정확하지 않은 것에 함부로 답하지 않는다. 모르면 모른다고 하고, "확인해서 말씀드릴게요"라는 말도 잘한다. 모르는 건 부끄러운 게 아니다. 모르면서 아는 척하는 게 오히려 나중에 문제를 더 크게 만들 수 있다. 나는 매사에 완벽을 추구하며 "신속 정확하게!"라는 말을 많이 하는 편이다. "열심히 하겠습니다"라는 말은 좋아하지 않는다. 열심히는 당연한 것이고, 잘해야 한다.

예를 들어, 차량을 출고하면서 불편한 이슈로 차량 고객의 불만이 발생했다면, 정확하게 상황 설명을 하고 설득하며 1년 뒤에 광택 서비스를 약속한다. 흔하게 있는 일이다. 그러나 1년 뒤 고객에게서 먼저 "약속했던 광택 서비스 어떻게 됐나요?" 하고 연락이 온 적은 없다. 반드시 약속한 날짜에 내가 정확하게 챙긴다. 믿기 힘들지만 "깜빡했네요", "제가 그랬나요? 그런 말한 적 없는데요" 하는 식의 어이없는 반응으로 고객을 불편하게 만드는 딜러들도 있다. 실제로 자주 일어나는 일이다. 그런 일을 절대 만들고 싶지 않기에, 나는 미리 스케줄러에 기록해두고, 1년이 되기 전에 연락해 약속한 내용에 대해 언급하며 픽업해서 처리해드린다. 이렇게 하면 고객도 좋아하고, 나도 만족스럽다.

같은 맥락으로 서비스에 대한 사항들, 정비 주기 알림 등도 철저히 챙긴다. 팔 때는 이런저런 달콤한 약속을 해놓고, 그 순간이 지나면 소홀히 하는 일은 정말 바보 같은 처신이다. 내 입으로 나온 말은 해결이 될 때까지 챙겨야 한다. 나는 그렇게 한다. 많은 딜러들이 차량을 판매하고 나면, 그 차량에 문제가 생기지 않는 한 고객과 딱히 연락하지 않는다. 그러면 그 고객은 한 대 출고로 '바이 바이!'가 된다.

요즘 차량은 대부분 정기적으로 서비스를 받으라고 알람이 뜨는데, 내 경우는 그걸 날짜에 맞춰 직접 전화해 서비스 신청을 해드린다. 그러면서 안부 인사도 드린다. 이렇게 해보라. 남과 다른 서비스에 나에 대한 평가가 올라간다. 수입차를 여러 대 타보신 분들은 기존 영업사원들이 이렇게 한 적이 없었다며 내 서비스를 무척 좋아하신다. 그러면서 주변에 누가 차량을 본다고 하면 "우리 딜러는 이렇게까지 챙겨줘"라고 말하며 나를 소개해주신다. 그렇게 해서 새로운 고객을 만나게 되는 경우가 많다. 더불어 그 고객이 차를 바꿀 때도 또 윤미애를 찾게 된다.

신뢰를 얻으려면 제때 돈을 내라

고객들과의 약속을 지키고 신뢰를 얻기 위해 내가 물밑에서 동동거리며 처리하는 일들은 수없이 많다. 고객들의 오만가지 요구 사항을 들어드리기 위해, 내 한 몸 부지런히 뛰는 것만으로는 부족하다. 내가 연결은 하지만, 정작 일 처리는 다른 현장에서 진행되는 것들이 많다. 예를 들어 협력 업체에 일을 맡기는 것 말이다. 차량 선팅이나 광택 같은 서비스 전문업체부터 중고차업체, 고객용 사은품 제조업체까지 오랫동안 거래하는 협력 업체들이 있다. 그런 곳에서 협조받지 못하면, 고객에게 제대로 서비스를 할 수 없다.

내가 거래하는 협력 업체들은 대부분 오랫동안 거래하고 있고, 내 일이라면 우선으로 처리해준다. 어떻게 그들과의 관계를 돈독하게 맺을 수 있었을까? 그 기본은 '돈'이다. 돈을 제때 잘 지급하면 된다. 너무나 기본적인 이야기지만, 실상을 들여다보면 업체들에 일은 급하게 맡기면서 정작 돈은 제때 지급하지 않는 사람들이 많다. 선팅 같은 서비스 비용의 미수금을 1억 원씩 깔아놓은 딜러도 있다는 말을 듣고 경악했다. 심지어 억대로 미수를 깔고 있다가 결국 입금 대신 차를 내주는 경우도 봤다. 벤츠보다 돈이 필요한 협력 업체 사장님한테 차를 주는 게 웬 말인가. 아무 것도 못 받는 것보다는 차라도 받는 게 나으니까 사장님은 울며 겨자 먹기로 받을 뿐이다.

나는 매달 25일 결제하는 것을 철칙으로 삼고, 반드시 지킨다. 일해주고 돈을 제때 확실하게 받을 수 있다는 믿음이 있는 고객과 언제 받을지 감감무소식인 고객이 있을 때, 어느 쪽 일을 더 먼저 해줄까? 당연히 전자다. 윤미애의 일에 미수라고는 없으니, 협력 업체들도 우리 일을 반긴다. 그런 관계가 생기다 보니 내가 다급하고 무리하게 일을 맡길 때도 흔쾌히 처리해준다. 내 고객들은 다른 어떤 딜러들이나 어떤 서비스업체에 얘기해도 '안 된다'고 하던 일이 나에게만 맡기면 100% 처리되니 나에 대한 신뢰가 더 높아질 수밖에 없다.

고객이 타던 중고차를 팔아드릴 때가 많다 보니 중고차업자들도 주요 협력 업체 중 하나다. 업자들은 고객과 직접 실랑이하는 것도 번거로운데 내가 중간에서 처리해주니 한결 수월해한다. 고객도 직접 중고차를 팔려다 보면 시세나 사정을 잘 몰라 손해를 볼 수도 있다. 그런데 내가 중간에서 정리해드리니 좋아하신다.

그렇다고 업체 사장님들한테 내가 술 한잔 사라고 바라는 게 있는 것도 아니니, 나라는 고객에게 더 최선을 다하려고 노력한다. 간혹 고마운 마음에서인지 술을 사겠다고 전화하는 사장님도 있는데, 나는 단칼에 거절한다. 고객 상담할 시간도 없는데, 그럴 시간이 어디 있나. 그렇긴 해도 나도 세일즈맨이라 기브 앤 테이크가 분명하다. 손해 보는 장사는 하지 않는다는 말이다. 제때 제 돈 내고 하는데 작업 수준이 내가 원하는 수준에 못 미친다? 그럼 난리가 난다. 그런 관계를 쌓다 보니 오랫동안 거래하는 업체 사장님들은 윤미애의 일이라면 누구보다 신속하고 정확하고 깔끔하게 처리해준다.

일을 위해 투자하라

나는 소득이 얼마 되지 않던 세일즈 초년생 때부터도 일에 필요한 것들에 돈 쓰는 것을 아끼지 않았다. 일종의 '장비'라고 생각했고, 옷은 '전투복'이라고 생각했다. 여자라고 해서 작은 핸드백을 든 채 파일만 옆에 끼고 상담하러 다니는 게 싫어서 비싼 서류 가방도 구비해 들고 다녔다. 거의 100만 원에 가까운 서류 가방을 손을 떨며 사긴 했지만 들고 다니며 얼마나 든든했는지 모른다. 남편한테 받은 청혼 반지도 서류 가방으로 바꿀 정도 아닌가.

번듯한 가방에 정장을 제대로 갖추고 나면 자신감도 생긴다. 정장도 제대로 몸에 맞게 똑 떨어지는 것을 입어야 태가 난다. 브랜드숍에 가도 치마 정장은 많지만 바지 정장은 상대적으로 부족한데, 나는 항상 바지 정장을 입었기 때문에 스타일이 맞는 브랜드를 찾은 뒤로는 계절에 맞춰 여러 벌씩 구비했다. 다른 캐주얼 정장이 10만 원대일 때 그 브랜드는 50만 원에 가까웠지만 아끼지 않았다. 남편 정장도 20만 원대를 입을 때 나는 두 배가 넘는 옷을 입었다. 나는 쇼핑을 자주 못 다니고 또 싫어한다. 돈보다 시간이 아깝다. 그래서 지금도 마음에 드는 정장을 보면 내가 주로 입는 블랙, 그레이를 중심으로 해서 색깔별로 사오곤 한다.

좋은 펜에도 욕심이 있어서 몽블랑 펜은 4개나 있다. 디지털임팩트를 퇴사할 때 직장에서 퇴사 선물을 하겠다며 뭐가 갖고 싶냐고 물었을 때 나는 몽블랑 펜을 선물해달라고 했다. 그래서 내 이름을 각인한 몽블랑 펜을 처음 갖게 됐고 이후로 3개가 더 생겼다. 일하는 데 필요한 것들에는 돈을 아끼지 않았고, 좋은 것을 사서 오래 쓰는 편이다.

뮤지션이 악기에 투자하고, 사진작가가 좋은 카메라에 투자하듯 자신의 전문성을 키워주고 일의 효율을 높여줄 수 있는 분야에는 투자하길 바란다. 세일즈맨이라면 외적으로 보이는 것에도 투자하면 좋겠다. 영업이라는 것은 처음 만나는 사람을 상대로 나를 어필하고, 신뢰를 얻어야 하는 일이다. 그 작업에 도움이 될 수 있는 정도는 갖춰야 한다. 단정하고 깔끔한 옷차림과 깨끗하게 닦인 구두는 필수다. 몽블랑은 아니어도 좋으니 계약서를 작성할 때 좋은 펜 정도는 내밀 수 있으면 좋겠다. 그런 작은 이미지들이 모여 신뢰라는 점수에 플러스가 되니까.

이러한 삶의 지혜를 나는 영업을 하면서 터득하기도 했지만, 부자들을 만나면서 배우기도 했다. 부자들은 쓸데없이 들어가는 작은 돈은 아까워하면서도, 중요한 일에는 돈을 쓸 줄 알았다. 목표한 일을 잘 성사시키기 위해 필요한 도구라고 생각한다면 금액을 생각하지 않는 경우도 있다. 커다란 송사가 걸렸을 때 거액의 비용을 감수하며 최고의 변호사들을 줄줄이 선임하는 모습을 우리도 많이 보지 않았는가. 챗GPT를 개발한 오픈AI가 최고 AI 연구원들을 유치하기 위해 최대 1천만 달러(약 130억 원)의 연봉과 보상까지 제안했다는 소식도 화제가 됐었다. 마찬가지다. 최고의 것을 얻기 위한 비용은 투자라고 생각하자. 결론은 써야 할 때와 아껴야 할 때를 제대로 알고 판단해야 부자가 된다는 것이다.

자기 분야에서 상위에 오르면,
다른 분야의 인맥을 형성할 때도 프리미엄이 있다.
신뢰라는 카드가 이미 주어졌기 때문이다.
그러니 어느 분야에서든
높이 올라갈 수 있도록 노력해야 한다.
그러면 내가 원하는 것을 손에 넣을 때 한층 쉬워진다.

4.

돈에 대한 교육은 어려서부터

    딸아이가 유치원에 다니던 어느 날, 도우미 이모님이 "애 실내화 좀 사주세요" 하면서 아이 신발주머니를 열어 보여주는데, 그 신발을 보고 정말 크게 웃었다. "이걸 신고 다녔다고요?" 신발은 발가락이 쑥 삐져나올 정도로 한쪽이 뻥 뚫려 있었다. 그런데 이걸 신고 다니면서도 아무 말도 안 했다고? 믿기지가 않았다. 아이는 그런 신발을 신고도 창피하지 않았는지 새로 사달라는 얘기도 안 했고, 그래서 나도 전혀 몰랐다. 얘가 이렇게 털털한 성격이었나 새삼 느끼면서, 나는 아이와 나의 근본적인 차이도 생각하게 됐다. '얘는 결핍이 없구나.'

어린 시절 뭐 하나 넉넉한 것 없이 자라서 낡은 옷, 낡은 신발이 익숙한 나였지만, 신발에 그렇게 크게 구멍이 났다면 부끄러워서 못 신었을 것 같다. 그게 가난의 징표로 느껴졌을 테니 말이다. 그런데 가난하지 않은 우리 아이에게 낡은 신발은 가난의 징표가 아니었다. 가난하지 않으니까. 원한다고 뭐든 해주지는 않았지만, 꼭 필요한 게 없어서 곤란을 겪어본 경험이 없는 이 아이는 나와 전혀 다른 가치관 속에서 살아가고 있다는 것을 그때 처음 느꼈다.

내가 치열하게 일하고 독하게 돈을 모을 수 있었던 가장 큰 원동력은 '결핍'이다. 내가 갖지 못했던 것을 채워나가기 위해 열심히 일했고, 그것을 잃지 않기 위해 정신 바짝 차리고 노력해왔다. 우리 아이들이 어른이 되었을 때를 생각해봤다. 나와 같은 결핍은 느껴본 적이 없는 아이들이 무엇을 원동력으로 노력하게 될까? 결핍에서 나오는 절박함은 감각이기 때문에 주입한다고 주입되는 게 아니다. 이 시대의 아이들에게는 이 시대에 맞는 교육이 필요하다는 생각을 하게 됐다.

부잣집 아이들의 경제교육

미국 영화를 보면, 어린 아이들이 레모네이드를 만들어 집 앞에 내다놓고 팔기도 하고, 자기가 쓰던 장난감을 마당에 늘어놓고 '세일' 팻말을 붙여 스스로 값을 매겨 파는 장면이 종종 나온다. 쿠키를 만들어 집집마다 다니며 팔아서 이웃돕기를 한다든지 하는 경우도 있다. 그렇게 '세일즈'를 일찍부터 경험하며 돈에 대한 감각을 실질적으로 익힌다.

실제로 유명한 부자들도 그런 경험을 한다. 투자의 귀재로 불리는 워런 버핏은 주식 중개인이었던 아버지를 따라 10살 때 월스트리트의 증권거래소에 가봤는데, 그때 인상이 강렬해 그 이후 장난감보다 주식을 더 좋아하는 아이가 됐다고 한다. 11살 때는 처음으로 주식을 직접 샀고, 돈에 대한 감각도 일찌감치 있었던지 골프 캐디를 하며 주운 공을 팔기도 하고, 신문 배달로 돈을 모으기도 해서, 고등학생 때 이미 농장 주인이 됐다. 델Dell 컴퓨터 설립자 마이클 델은 어머니가 금융 컨설턴트였는데, 경제가 어떻고 어떤 주식을 사고팔아야 하는지에 대한 대화가 식사 자리에서 자연스럽게 오가는 환경에서 자랐다고 한다. 사업적인 감각도 일찌감치 생겨, 12살 때 우표를 직접 사고파는 비즈니스를 만들어 2천 달러를 벌었다고 한다.

우리나라의 경우는 공부에 더 매달리다 보니, 어린 시절 경제활동을 경험하는 경우가 드물다. 그래도 부자들은 나름대로 일찌감치 자녀에게 돈에 대한 감각을 익혀주려 노력한다. 금융회사에서는 오래전부터 고액 자산가의 자녀들을 위한 금융 교실을 열어 경제교육을 제공한다. 고소득 학부모일수록 자녀의 경제교육에 관심이 많다는 보고가 있다. 부자들이 자녀에게 자산만 넘겨주는 것 같지만, 돈에 대한 감각을 키워주는 데 더 신경 쓴다.

고객 중 한 분은 자녀들이 대학교에 입학했을 때 목돈을 주면서 투자를 해보라고 권했다고 한다. 병원 원장인 이 고객은 자신이 뒤늦게 경제 공부를 시작했다는 아쉬움에 아이들에게 일찌감치 투자를 통해 직접 배우게 했다고 한다.

부동산 투자가인 한 고객은 7살, 9살인 아이들한테 카드를 주면서 편의점에 가서 직접 결제해보라고 시키면서, 경제교육을 한다고 했다. 또 부동산 계약을 체결할 때 데리고 가서 옆에서 보게 하는데, 그러다 아이가 집에 와서 질문을 하면 답변도 해주면서 자연스럽게 부동산 투자를 배우게 하고 있다고 했다.

한 고객은 나처럼 '결핍'이 원동력이라고 믿는 분인데, 자녀에게 결핍을 경험하게 하려고 노력한다고 했다. 금전적인 것이 아니라 지식에 대한 결핍이나 생각의 결핍 같은 것을 느끼고, 채우고 싶게 만든다고 한다. 새로운 사람을 만날 때마다 자신에게 부족한 점을 발견하고 '나도 저렇게 잘해야겠다. 나도 더 잘해서 따라잡겠다'고 생각하는 것도 결핍에 대한 원동력이 될 거라고 했다.

아이들도 돈에 대해 알 필요가 있다

나는 아이들에게 돈에 대해 있는 그대로 이야기하며 가르친다. 아이라고 대충 말하거나 얼버무리지 않는다. 아이들이 설날 친척들에게 세뱃돈을 받거나 용돈을 받으면 일부만 주고, 나머지는

"너희 통장에 넣는다"면서 각자의 계좌에 저금했다. 어느 정도 모인 뒤 주식을 사줬고, 그때마다 이야기도 해줬다. 그래서 자기가 어떤 주식을 갖고 있는지 알고 있고 뉴스에도 관심을 갖는다. 주가가 빠지면, "엄마, 왜 그걸 샀어"라며 투덜거리기도 한다.

초등학교 때부터 전월세, 자가의 개념에 대해서도 알려줬고 부동산에 관한 대화도 했다. 주택에 사는 친척 집에 다녀오면서 아이가 왜 아파트가 아닌 주택에 사느냐고 물었을 때, 왜 이사를 하느냐고 물었을 때, 나는 있는 그대로의 사실을 말해줬다. 대출을 얻어 아파트를 사고, 그 대출을 갚기 위해 엄마 아빠가 열심히 일하고 있으며, 자기 집일 경우와 월세와 전세일 경우 어떤 장단점이 있는지도 말해줬다.

아이들도 어렴풋이 알고, 또 궁금해한다. 그럴 때 많은 부모가 "몰라도 돼"라고 답하거나 적당히 대답하고 만다. 그런데 뜻밖에도 아이들은 말해주면 금세 이해한다.

지금 살고 있는 압구정동 현대아파트에 이사 오면서부터 우리 딸은 유독 부동산에 관한 질문을 많이 한다. 이 동네는 그동안 살아온 단지와는 다른 특징이 있다. 60평, 70평, 80평대의 대형 평수 아파트들도 있기 때문에 35평인 우리 집은 그중에 작은 평수다. 딸아이가 학교에 다니면서 동네 친구들 집에 놀러 가다 보니 상대적인 빈곤감을 느꼈던가 보다. 한 번은 집에 친구를 데리고 오기

창피하다는 말을 하는 게 아닌가. 나는 딸을 앉혀놓고 설명했다.

"그 집은 전세거나 월세일 가능성이 높아. 할아버지, 할머니한 테 돈이 많아도 여기 집이 비싸서 자식들한테 못 사줘. 증여세가 엄청나거든. 이 동네는 아파트값 비싸서 대출도 많이 안 나오기 때문에 엄마 나이의 사람들이 쉽게 사기 힘들어."

우리 딸이 말한 친구 아이의 가족은 부부가 직장인인데 80억 원대의 60평대 아파트를 자기 돈으로 구입하기는 어려울 것으로 짐작된다. 오래된 아파트라 매매가에 비해 전세나 월세는 상대적 으로 저렴했기 때문에 그렇게 사는 사람도 많아서, 나는 있는 그 대로 얘기해줬다.

"엄마는 지금 30평대 아파트면 충분해. 만약 60평대 아파트를 살 돈이 있으면 그 돈으로 다른 재테크를 할 것 같아."

이야기가 나온 김에 나는 내가 매입한 건물과 아파트에 부과되 는 세금까지 이야기하고, 건물과 아파트에 대출이 어떻게 차이 나 는지에 대해서도 이야기했다.

"엄마가 건물을 법인으로 샀는데, 가족법인이라 네 지분도 이만큼 들어가 있어. 나중에 엄마가 너한테 증여하려면 세금이 이 정도인데, 네가 그 세금 낼 돈 있어?"

"없지."

"네가 증여세를 낼 자격이 있으려면 너도 열심히 벌어야 해. 그리고 엄마 마음에 안 들면 너를 지분에서 뺄 수도 있어. 그러니까 잘 해!"

이렇게 대화가 나오고 아이가 궁금해하면, 솔직히 사실대로 이야기하며 돈에 대해 가르친다. 이제 아이는 부동산 명의, 지분, 증여에 대해서도 대화가 통할 정도로 잘 안다. 우리가 사는 아파트가 재건축되는 것에도 관심이 많다. 아파트 단지 내에 리모델링 모델하우스가 있는데, 나는 가보지 않았지만 우리 딸은 직접 가서 보고 왔다.

"엄마, 방 4개짜리는 가야 될 텐데 그럼 분담금이 16억이 있어야 돼. 엄마 돈 있어?"

홍대 앞에 산 건물도 아이는 홍대에 놀러 갔을 때 들러서 보고 오기도 하는 모양이다. "엄마, 그 주변에는 사람이 별로 많지 않던데?" 하고 슬쩍 걱정도 해준다. 그러면서 자신의 미래에 대해서도 좀 더 구체적으로 계획하게 된 것 같다. 그림을 잘 그리고 미술을 전공하고 싶어 하는 아이는 홍대에 가고 싶다는 꿈도 꾸게 됐다. 아이는 뭘 해야 돈을 잘 벌 수 있는지를 물었고, 이에 대해서도 대화를 나눈 적이 있다. "작가를 하면 돈을 잘 못 벌 수도 있을 텐데, 그럼 뭘 해야 되지?" 하고 물어서 내가 "글쎄, 뭘 해야 될까?" 하고 되물었다. 그때 아이가 말했다.

"딜러?"

나는 내심 기뻤다. 기질도 성향도 나와 많이 닮은 딸아이가 딜러를 하면 좋겠다는 생각을 하곤 했는데, 내가 강요하지 않아도 스스로 그렇게 답변하는 것을 보고 흐뭇했다.

사춘기를 지나는 딸아이는 엄마한테도 툭툭거리고 별로 살갑지 않다. 그런데 밖에서는 엄마 이야기를 하나 보다. 한 번은 딸아이 친구 엄마와 대화를 하는데, 우리 딸은 엄마한테 관심이 별로 없다고 말했더니, 그 엄마가 이런 말을 했다.

"어머, OO이가 엄마를 얼마나 자랑스러워하는데요. 엄마 얘기 많이 해요."

엄마가 정직하게 열심히 일하며 돈을 벌고 성장해나가는 모습이 아이 눈에도 자랑스러워 보였다는 것이 뿌듯하다. 똑똑하네, 우리 딸.

5.

미래를 준비해야 현재를 즐길 수 있다

　힘든 유년 시절을 보내며 결핍 속에서 인생을 시작해서인지, 나는 언제나 미래가 걱정되고 두려웠다. 공부를 열심히 하기 시작한 건 고등학교 때부터였다. 공부해야겠다고 한번 마음먹고 난 뒤부터는 항상 공부를 위해 준비하고 있었다. 중간고사가 끝나면 딱 그 주 주말까지만 놀고 다음 주부터는 기말고사를 준비하러 도서관에 다녔다. 좋은 머리를 타고난 것도 아니고 스스로 100% 노력형인 걸 알아서 그렇게 했던 것 같다. 공부 머리가 있는 친구들처럼 책만 봐도 머리에 쏙쏙 들어오지 않았고 한 단락을 암기해도 시간이 많이 걸렸다. 그런 나를 극복하기 위해서는 노력밖에 답이 없었다.

그렇게 다음 스텝을 미리 준비해야 마음이 편한 건 지금도 마찬가지다. 영화를 보든, 병원을 가든 급하게 움직이며 여유를 잃는 걸 싫어한다. 정신없이 진행하다 보면 실수하기 마련이라 미리미리 준비하는 게 습관이 돼 있다. 미래를 준비해야 현재를 즐길 수 있고, 마음이 편하다. 부동산을 매수할 때도, 대출받아 구입한 뒤 현금 집이 될 때까지 그 대출금을 갚아나가면서 다음 상급지 이동을 준비하는 것도 같은 맥락이다. 미래를 준비하는 것이다.

벤츠 이사가 조언하는 카푸어 탈출 전략

요즘 젊은 친구들은 대학 졸업하고 직장에 취직해봤자, 서울에 집 한 채 살 수 없을 것이라는 생각들을 한다. 그래서 불가능이라고 생각하고 아예 시도조차 안 하는 경우가 많다. 배달 알바를 1~2개월 바짝 해서 한 달씩 해외여행 가는 친구들이 많다는 기사를 보면서 안타까운 건 비단 나뿐만이 아닐 거다.

물론 열심히 벌면서 한 단계씩 목표를 향해 가려는 친구들도 많다. 나는 이른바 대출을 영혼까지 끌어모아 집을 사는 '영끌족'도 많이 만나봤다. 결혼하고 누구나 알 만한 대기업이라는 안정적인 직장에 다니면서 열심히 일하고, 대출받아 내 집 장만을 하고 나면 그다음에 차를 구입하러 오곤 한다. 상담하다 보면 자연스레 개인사를 얘기하게 되는데, 새집에 들어가니 당연히 스스로에게 보상하고 싶어 하는데, 이때 대체로 좋은 차를 타고 싶어 한다.

실제로 그런 상담을 많이 한다. 한편으로는 대출금을 걱정하며 차량 구입을 부담스러워하지만, 그래도 어찌어찌 계약은 한다. 그래도 갈등이 돼, 계약 후 고객은 차량 진행 여부를 많이 고민하고 나한테도 심정을 털어놓는다.

"사실 지금은 차 살 때가 아니고 대출금부터 갚아야 하는 거 아닌가 해서요. 어떻게 생각하세요, 이사님?"

그러면 나도 솔직하게 내 생각을 말한다.

"그럼요. 당연히 부동산 대출금 갚는 게 우선이죠. 어느 정도 갚고 나면, 그때 벤츠 타세요."

그러면서 내 부동산 구입과 눈물겨운 대출금 갚기 경험담도 얘기하고, 내가 알고 있는 부동산 관련 정보를 이야기해주며 해약 처리해드린 적도 있다. 그럼 나중에 차량 구입할 때 꼭 다시 찾아오겠다고 하신다. 다시 찾아오지 않는다고 해도, 저렇게 해약해드린 걸 후회하지 않는다. 그분들에게 지금은 절실하게 와닿지 않을지 모르지만, 시간이 지나면 내 말이 어떤 의미인지 절감할 테니까.

오늘만 살고 말 게 아니지 않은가. 언제나 다음 스텝을 준비하

며 촘촘히 계획을 세우고 그걸 지켜 내기 위해 더 노력할 때, 현재
도 더 행복하고 즐겁다는 걸 느꼈으면 좋겠다.

500만 원 월급은 300억 건물을 가진 것과 같다

부동산 경기가 바닥을 치면서, 여의도에서 부동산 관련 회사에
다니는 친구들이 날마다 점심에 낮술로 신세 한탄을 한다. 30% 이
상 인원 감축까지 하며 많이 힘들어하는 상황이다. 매일 회사 탓을
하며 부정적인 기운으로 패배 의식에 젖어 시궁창 속에 빠져 있다.
그걸 버티느냐, 뛰쳐나와 새로운 일을 찾느냐는 물론 본인 몫이다.

그런 친구들 중에 잦은 이직을 하는 친구가 있었다. 처음에는
빈번한 이직이 걱정됐지만 그 친구는 그러는 동안 부모님 건물을
예쁘게 리모델링해서 카페를 하고 스터디카페를 만들어 운영하기
시작했다. 그런데 얼마 후 새로운 회사에 이직도 했다.

"본격적으로 사업할 생각인 줄 알았더니 아니었나 보네."
"막상 사업을 벌여 보니, 월급쟁이의 소중함을 더 알겠더라고
요. 월급쟁이가 최고예요."

그의 말에 잘했다고 칭찬했다. 나도 꼬마 건물을 매입해 이제
100억 건물주가 되었지만, 임대료를 받아도 세금 떼고 기타 관리
비, 금융비용 등을 제하고 나면 500만 원이 채 안 남는다. 그런데

웬만한 내 또래 월급 생활자들은 열심히 일하면 따박따박 500만 원가량의 급여를 받지 않는가.

샐러리맨들이 가슴에 사직서를 품고 다닌다고 하는데, 그냥 넣어둬라. 100억 건물주가 돼도 500만 원을 벌지 못한다. 주어진 일에 최선을 다하는 것도 최고로 멋진 일이다.

다만, 뭐라도 해보라고 말하고 싶다. 직장을 그만두고 크게 뭘 시작하겠다는 생각보다는 투 트랙으로 직장에서의 수입을 한쪽에 두고 다른 쪽으로는 자산을 쌓는 방법을 생각해보기 바란다. 작은 것부터 시작하면 된다. 중요한 건 무엇이든 시작하는 것이다. 직장을 다니면서도 여가 시간을 활용할 수 있고 제2의 직업을 찾거나 취미활동을 할 수 있다. 강연을 듣거나 책을 읽을 수도 있다. 주 52시간제인데, 그 남는 시간을 충분히 활용해보면 좋겠다. 무엇이든 가능하다. '아무 것도 하지 않으면 아무 일도 일어나지 않는다'는 사실만 명심하라.

6.
누구보다
나 자신을 사랑하라

고등학교 때 친구들이 당시 한창 인기 있던 '피자헛'으로 피자를 먹으러 가자고 했다. 너무 먹고 싶었지만, "나 오늘 집에 일찍 가야 돼" 하고 먼저 돌아섰다. 피자값을 N분의 1로 내야 하는데, 나에게는 그 몇천 원이 없었다. 가격표를 보며 돌아서거나, 아예 살 생각마저 포기했던 일들이 셀 수 없이 많다. 내가 경제적으로 여유가 생겼다고 생각하게 된 것은 물건을 사거나 밥을 먹으러 갈 때 값을 안 물어보기 시작할 때부터였다. 직원들에게 회식하라고 카드를 줄 때도 있는데 "비싼 거 먹어"라고 말한다. 그럴 수 있게 된 게 무척 행복하다.

지금은 간혹 고가의 제품도 플렉스 할 때가 있다. 주로 나를 격려하고 칭찬하기 위해 스스로 선물한다. BMW 서초전시장에 있을 때, 풍납동 집의 대출을 다 갚았다. 너무나 시원했고 나 스스로가 대견스러웠다. 당시 고객들을 만나면 롤렉스 콤비 시계를 착용한 분들이 많았다. 그게 그렇게 예뻐 보였다. 하지만 나한테는 너무 비싸서 살 생각을 못 하고 있다가, 집의 대출금을 모두 상환한 뒤 현대백화점에 가서 바로 그 롤렉스 시계를 샀다. 나에게 주는 선물이었다. 그 후로 이사를 달았을 때, 1천 대 클럽에 입성했을 때도 내게 좋은 시계를 사주었다.

"수고했어, 윤미애. 너는 받을 자격 있어."

부모가 바닥에 앉고 아이들이 소파에 앉아야 한다고?

예전의 우리 부모님들은 어떻게든 자식 잘되라고 안 먹고 안 입고 언제나 자식이 우선이었다. 나는 전혀 그렇지 않다. 부모님 덕을 보며 살아오지 않아서일까? 어떤 결정을 내릴 때 내가 제일 우선이다.

내가 행복해야 남편도, 자식도, 회사도 다 잘될 수 있다. 내가 몸이 아프고 힘들면 주변 사람들에게 영향을 미칠 것이고 그들에게도 고스란히 고통이 전해지게 될 것이다. 비행기를 타면 나오는 안내 멘트에도 비상 상황에 산소마스크가 내려오면, 엄마가 먼저 착용한 뒤 아이에게 해주라고 나온다. 내가 정신 차리고 살고 봐야 아이도 살릴 수 있지, 내가 쓰러지면 남을 돌봐줄 수도 없다. 그래서 난 자기애가 강하다. 남한테 피해주는 이기주의가 아닌, 자기애. 내가 치열하게 일하는 것도 누구를 위한 희생이 아니라 내가 행복하려고 최선을 다하는 것이다.

큰애가 초등학교 1학년일 때 엄마들의 브런치 자리가 있어서 그중 한 집에 모이게 됐다. 아이들도 여러 명이 거실의 소파에 자리를 잡고 TV를 봤고, 엄마들은 현관 입구 쪽에서 아이 밥상 같은 조그만 상에 중국 음식을 시켜 먹었다. 엄마들이 이야기하는 소리가 커지자 그 집 아이가 돌아보며 소리쳤다.

"엄마, 시끄러워!"

그러자 그 집 엄마가 우리를 보면서 좀 작게 말하자며 입술에 손가락을 갖다 대는 게 아닌가. 정말 전혀 이해가 안 되는 상황이었다. 나는 참지 못하고 한마디 했다.

"엄마들 이러시면 안 돼요. 아이들 상황에만 맞춰주시면 안 돼요. 애들은 들여보내고 엄마가 편하게 식탁에서 먹어야죠."

짜장면을 먹는 둥 마는 둥, 한마디 하고 나온 기억이 있다. 바닥에 앉게 한 것부터 마음에 안 들었다. 애들은 소파에 앉아 있고 엄마 손님들을 바닥에 앉으라는 게 말이 되나. 그렇게 부모가 아이의 눈치를 보며 키운들, 그 아이가 엄마의 사랑을 알기나 할까? 엄마를 존중하지 못하니 엄마의 손님이 있는데도 감히 조용히 하라는 말을 하는 게 아닌가. 엄마가 먼저 자기 자신을 사랑하고 아끼면, 아이도 스스로를 아끼고 사랑할 것이다. 그리고 부모님의 사랑과 노력이 당연한 게 아니고 고마운 것임을 알 것이다. 그래야 모두가 행복한 거 아닌가 싶다.

워킹맘의 아이는 스스로 적응한다

워킹맘들은 아이와 함께 많은 시간을 보내지 못해 죄책감을 갖는 경우가 많다. 또 전업주부들은 아이한테 지나치게 공을 들이느라 끌려가곤 한다. 나는 언제나 내 자신과 내가 하는 일이 먼저였기에, 아이가 어렸을 때부터 혼자서 알아서 하도록 시켰다. 물론 도우미 이모님이 밥도 챙겨주고, 꼭 필요한 부분은 남편이 역할을 했기에 가능하긴 했다.

당직 근무였던 날, 아들이 놀이터 철봉에서 놀다 떨어져 무릎이 깨졌다고 도우미 이모님이 놀라서 전화를 해왔다. "어떡해요. 피가 철철 나요." 당직이라 고객을 응대해야 하는 상황이었다. 나는 다친 부분 사진을 찍어서 보내달라고 했다. 다행히 뼈는 부러지지 않은 것 같고 피가 많이 나 있었다. 나는 이모님께 상가에 있는 정형외과를 알려주고 아이 주민번호를 찍어주며 병원에 데려가달라고 했다. 생활비 쓰는 카드는 이미 맡겨놓고 있었으니 계산은 그걸로 하라고 했다. 내가 간다고 한들 달리 해줄 것도 없으니 그렇게 처리했다. 저녁에 퇴근해서 보니 뼈는 부러지지 않았고 상처치료만 하고 붕대를 붙이고 왔다고 한다. 이모님이 나중에 고개를 절레절레하며 말하더라.

"이런 강심장 처음 봤어요. 달려올 줄 알았더니만."

결혼 초부터 우리 부부는 집안일을 함께해왔다. 잘하는 사람이 하자는 것을 원칙으로 일을 나눠왔다. 운전은 내가 잘하니 먼 길 갈 때 내가 운전한다. 청소는 남편이 잘하니 도우미 이모님이 없었을 때는 남편이 도맡았다. 돈은 내가 더 잘 버니 열심히 벌고, 남편도 직장은 다니지만 아이들 케어를 훨씬 더 잘하니 그걸 맡는 걸로 정했다. 그래서 밤에 일어나 분유 먹이는 것도 남편이 했다. 초등학교 들어갈 때부터 아이에게 시간을 더 내야 한다고 해서, 남편은 직장까지 잠시 그만둘까 고민했다. 다른 집 엄마들이 회사를 그만두고 경단녀가 되듯, 우리 집은 남편이 그 고민을 했던 거다. 하지만 회사는 그만두지 않고 도우미 이모님을 쓰는 것으로 합의를 봤고 그 이후 그렇게 유지하고 있다.

아이들은 어른들이 염려하는 것보다 훨씬 더 환경에 잘 적응한다. 우리 딸은 7살 때부터 유치원이 끝나면 놀이터에서 좀 놀다가 시간 되면 학원 갔다가, 집 앞 가게에서 어묵 하나 사 먹고 다음 학원에 갔다 집에 들어왔다. 애가 혼자 다니는 것을 보고 엄마들이 깜짝 놀라곤 했다. 물론 알게 모르게 아이를 지켜주는 동네의 눈들도 있었다.

초등학교에 입학한 후 엄마들 모임에 처음 갔는데, 32명의 엄마 중 워킹맘이 2명뿐이었다. 전문직군의 엄마들도 아이가 초등학교에 들어가면서 직장을 그만두고 아이에게 올인 했다. 어느 날 오전 10시 반에 시작한 브런치 모임에 갔는데, 일어날 생각들 없이 너무 오래 수다를 떨고 있었다. 나중에 들으니 거의 1시가 되어서야 헤어진다고 했다. 그 엄마들은 아이들이 올 때까지 시간을 맞추는 거겠지만, 나는 그런 생활이 익숙하지 않았다. 그래서 한 시간 정도 머물다 양해를 구하고 일어섰다.

"죄송합니다. 제가 이건 전부 계산하겠습니다. 동네에서 우리 딸 보면 잘 부탁드릴게요."

그 엄마들 아이들이 고등학생이 된 지금도 만나는데, 그때 너무 인상 깊었다는 말들을 한다. 저 엄마는 도대체 뭐 하는 사람인데 저렇게 30명 브런치값을 다 내나, 싶었단다.

그 후로 도우미 이모님이 아이가 올 시간이 됐는데, 안 온다고 전화를 해오면 내가 단톡방에 올린다.

"혹시 우리 아이 보신 분 있나요?"

그러면 잠시 후 톡이 올라온다.

"조금 전에 상가에서 봤어요. 어묵 먹고 있던데요."

우리 딸은 4학년 2학기 때부터 버스를 타고 잠실에서 대치동까지 학원을 다녔다. 엄마들이 대부분 라이딩을 해주는데, 얘는 지하철 타고 버스 타고 다니는 게 버릇이 돼서 당연히 그렇게 다닌다. 처음에만 타는 방법을 가르쳐주면, 아이들은 금방 해낸다. 학원 상담도 혼자 가니까, 원장님들이 걱정하며 연락을 준다.

"어머님은 안 오시나요?"
"네. 저는 아이만 보냅니다."

백이면 백 다 걱정을 한다. 나는 아이가 스스로 하고 싶다는 것은 가르치고, 또 마음에 든다고 하면 다니라고 했다. 그렇게 스스로 결정해서인지 중간에 싫다고 하지 않고 열심히 다닌다. 학원비 결제할 때도 엄마 카드 들고 가서 아이가 하고 온다.

둘째는 남자아이라 딸에 비해 좀 느리긴 하지만, 애도 스스로 하는 것이 습관이 되어가는 것 같다. 둘째는 종종 지각도 하는데, 첫째는 제 시간에 스스로 알아서 딱딱 맞춰 가는 걸 보면 나를 닮았나 보다.

아이 문제와 집안일 때문에 고민하는 워킹맘들을 보면 나는 당부한다.

"경단녀 되지 말고, 열심히 돈 벌어서 사람을 써요."

업무는 나만이 할 수 있는 일이지만, 아이의 일상을 챙기는 데는 누군가의 도움을 받을 수 있다. 이모님한테 밥 챙겨달라고 하고, 병원 데리고 가달라고 해도 된다. 경력이 단절된 이후에 다시 커리어를 회복하는 게 얼마나 어려운 일인지 너무 많이 봐왔기 때문에 안타까웠다. 고객 중에도 육아와 교육 때문에 경력이 단절된 엄마들이 나를 너무 부러워한다. 그때 그만둔 게 후회스럽다면서. 초등학교 때는 엄마들이 보살펴줘야 돼서 그만뒀다는 분들이 많은데, 아이들이 더 커가면 엄마가 일하는 걸 더 자랑스러워하는 경우가 많다. 그러니 그 순간을 잘 이겨내길 바란다.

엄마는 엄마 자신을 제일 사랑해

이번 여름휴가에 가족과 호주 여행을 다녀왔다. 그때 남편과 아이들은 이코노미로 가고 나만 비즈니스석을 탔다. 우리 가족을 딱 규정짓는 에피소드다. 홈쇼핑에 호주 여행상품이 떴는데 금액도 괜찮아서 예약을 했다. 그런데 패키지 가격이 2백만 원이 안 되는데 비즈니스석은 6백만 원이었다. 패키지 가격보다 더 비싼 거다. 아이들까지 전부 태울 수는 없어서 남편만 같이 타려고 물었더니 남편은 고사했다.

"아니야. 난 비행기에서 잘 자니까 괜찮아."
"알았어. 그럼 내 것만 끊는다."

그러고는 내 티켓만 비즈니스석으로 끊었다. 나는 잠을 쉽게 못 잔다. 그리고 돌아오자마자 바로 일해야 하니까 비즈니스석에서 수면제를 먹고 자면서 왔다. 남편과 아이들은 머리만 대면 잠도 잘 자니까 편하게 왔다고 한다. 남편과 아들은 아무 말도 없는데 딸만 좀 궁시렁댔다.

"엄마만 왜 비즈니스를 타?"

"내가 벌어서 내가 타는 건데 뭘. 너도 타고 싶으면 네가 벌어서 타고 가."

여행길에 동행했던 친한 언니가 이 얘기를 듣고 혀를 내둘렀다.

"너도 참 대~단하다!"

우리 딸이 5학년이던 어느 날, 이런 말을 했다.

"엄마는 다른 집 엄마들이랑 다른 것 같아."

다른 집에 가면 엄마가 늘 있고 과일도 챙겨주고, 자식들에게 오냐오냐 다 해주는데, 우리는 안 그렇다는 걸 어필한 것이다. 나는 대답했다.

"응. 엄마는 엄마를 제일 사랑해. 너도 너 자신을 제일 사랑했으면 좋겠어."

7.

언제나 지독하게
치열하게 살아가라

일자리를 잃을 위기에 있을 때 사람들은 불안을 느낄 것이다. 나는 그것이 훨씬 더 확대돼서 하루 중에도 바쁜 일정이 없고 느슨하게 보내게 될 때 너무나 불안하다. '이래도 되나' 싶다. 매일매일 바쁘게 지내니, 어느 하루 일정이 없어 한가하면 '잘 됐다. 좀 쉬어 가자'고 생각하며 책을 보며 즐길 수도 있을 텐데 그게 안 된다. '내가 이렇게 열심히 했는데 왜 고객들 연락이 안 오지? 뭐 놓친 게 있나?' 하고 나를 채근하고 점검하게 된다.

어떤 딜러들은 "차를 잘 팔 때도 있고, 못 팔 때도 있는 거지"라고 말하는데, 나는 그 말이 정말 싫다. 문제를 찾아서 개선할 생각을 해야지, 왜 안이하게 안주하려는지 화가 난다.

그러다 보니 '일중독'이라는 말도 듣는데, 동의한다. 나는 사회생활을 하면서 많은 시간을 학업도 병행해왔다. 학사도 하고 석사과정은 두 개나 밟고 지금은 박사학위를 취득했다. 논문만 남겨놓고 있는 박사과정 마지막 학기 때 유튜브도 시작했다. 그리고 이미 다음 목표를 위한 새로운 과정의 진학도 계획하고 있다. 못 말린다.

47세, 대형면허를 땄다

내 나이 47세에 대형면허에 도전했다. 예전부터 하고 싶다고 생각만 했던 걸 2023년 목표에 넣었고 해냈다. 스틱부터 운전을 시작했고, 자동차업계에서 일하고 있으니, 할 법한 목표라서 대형면허에 도전하기로 했다. 건국대 부동산대학원을 다니면서 단체로 세미나 등 외부 일정을 많이 다녔는데, 그럴 때 "버스 운전되시는 분?" 하는 질문에 내가 손들고 싶다는 생각을 했었다. 엉뚱한 목표라며 다들 웃었지만, 운전을 좋아하는 나에게는 버킷리스트가 되었다.

20대 초반에 2종 보통 면허를 스틱으로 취득했고 10년 무사고로 1종 보통이 되었다. 요즘은 다들 2종 오토로 따는 게 기본이라, 나는 스틱 운전부터 시작했다는 게 나름의 자부심이었다. BMW 전시장에서 일할 때는 발렛 주차를 나이가 어린 남자들이 했었다.

257

어느 날 트럭이 한 대 들어왔고 스틱 차량이었는데, 직원들 모두 주차를 못 해주고 있지 뭔가. "스틱 운전 되는 분 있어요?" 할 때, 내가 당당히 나가서 주차했던 경험이 있다. 어깨에 힘이 잔뜩 들어갔었다.

'나, 스틱 차량 운전 가능한 여자야.'

2023년, 세곡동 운전면허시험장으로 연습 수업을 다녔다. 강의 첫날 대형면허 신청자들에게 남으라고 하니 나 포함 4명이 남았는데 다른 3명은 모두 남성이었다. 그리고 트럭과 오토바이를 타고 오셨던 게 기억난다. 아마 관련 업종에서 일하는 분들 같았다. '저 아줌마는 여기 왜 왔나' 하는 시선이었다. 운전을 가르치는 선생님들도 나를 너무 폄하고 무시하는 태도로 대해 기분이 안 좋았다. 그래도 내 목표를 이루기 위해 기를 쓰고 연습했고, 한 달 반 만에 대형면허를 취득했다. 짜릿했다.

요즘 MZ 친구들이 취업이 안 된다고 하지만, 보이지 않는 곳에서는 변화도 일고 있었다. 대형면허 준비할 때 정말 놀랐던 게 MZ 친구들이 대형면허를 많이 준비한다는 것이었다. 몸으로 일하는 직종이 급여도 높고, 장기적으로도 안정적인 직업이라고 생각하며 최근에 도전하는 친구들이 많다는 기사도 봤다. 부모님과 같이 와서 합격을 기뻐하는 모습이 흡사 국가고시 합격 소식을 함께하는 것처럼 보였다. 실력을 갖추고, 자격증까지 갖춘 것은 언제든 써먹을 날이 있다. 나도 이 자격증을 따고 났더니 '여차하면 버스 운전도 할 수 있겠다'라는 든든한 자부심까지 생겼다.

한번 목표를 세우면 반드시 이룬다

우리 집 식탁 옆 한쪽 벽에는 코팅한 종이 네 장이 붙어 있다. '우리 가족의 목표'다. 각자 스스로 정한 그해의 목표를 구체적으로 적고, 그것을 달성했을 때의 점수도 적는다. 총점은 네 사람 모두 똑같다. 그리고 달성할 때마다 점수를 합계해 가장 높은 점수를 얻는 사람에게 돈을 준다. 이 돈도 각자 능력에 맞게 나눠 내서 모아둔 것을 승자가 갖는 방식이다.

예를 들어 2024년 내 목표는 부동산 박사학위 취득(90점), 건강 챙기기(110점), 책 10권 읽기(80점), 한성 어워드 TOP 5 지키기(100점) 등등이었다. 술을 너무 좋아해서 좀 줄이자는 의미로 주 2회 술 먹기로 정했는데 이건 아직 못 지키고 있다. 올해로 5년째 하고 있는데 딸이 세 번 받고, 아들이 한 번 받았다. 남편과 나는 아직 한 번도 못 받았다. 어른들이 분발해야 할 상황이다.

스무 살 이후부터 나는 마음먹고 목표를 잡으면 꼭 이뤄냈다. 타인과의 약속도 꼭 지키지만, 나는 나와의 약속을 제일 중요하게 생각한다. 목표는 자꾸 눈에 띄게 두면 더 효과적이다. '우리 가족의 목표'를 가족들이 모이는 식탁 옆에 붙여놓은 것도 같은 의미다.

목표를 달성할 수 있는 비결은 실현 가능한 목표를 세우는 것이다. 나는 언제나 100% 향상이 아닌 20% 향상을 목표로 삼는다. 돈 모으기, 자격증 따기, 성적 올리기, 체중 줄이기 등등 목표를 잡을 때 말도 안 되게 허무맹랑하게 잡아두면 하다가 지쳐서 아무것도 이룰 수 없게 된다. 새해가 시작될 때 의지가 충만한 나머지 목표를 거창하게들 잡는데, 그게 실패의 지름길이다. 소박하게 잡고 성공해내는 게 의지력을 키우는 데도 훨씬 더 도움이 된다.

나답기 위해, 오늘도 치열하게 산다

한동안은 과거로 돌아가는 것이 악몽처럼 싫어서, 나는 치열하게 달렸다. 나의 불안을 이야기하면 남들은 "야, 너 이제 돌아갈 일 없어. 이만큼 갖췄는데"라고 하지만, 오랫동안 그 공포가 내 밑바닥에 남아 있었다.

이제 나는 먹고살 만하다. 그리고 공포에서도 거의 벗어났다. 그런데도 왜 이렇게 여전히 열심히 살고 있을까? 스스로에게 자문했고 답을 알게 됐다. 지금까지 늘 치열하게 살아왔기 때문이었다. 그것이 나다운 것이라서 이렇게 열심히, 치열하게, 빈틈없이 사는 것이 그냥 내가 돼버렸다. 이게 윤미애니까. 그래서 그냥 열심히 살고 있다.

앞으로도 무슨 일이 주어지든 지독하게 최선을 다할 것을 나는 안다. 나는 행복하기 위해 미래를 준비하며, 또 현재를 즐기며 계속 나아갈 것이다. 과거나, 지금이나, 미래나 그게 윤미애니까. 그렇게 윤미애답게 나의 지독함을 사랑할 것이다.

스무 살 이후부터 나는 마음먹고
목표를 잡으면 꼭 이뤄냈다.
타인과의 약속도 꼭 지키는 사람이지만,
나는 나와의 약속을 제일 중요하게 생각한다.

'나'라는 상품은
얼마짜리인가?

    '나'라는 상품, '윤미애'라는 상품은 얼마짜리일까? 돈으로 환산한다면 연봉을 말해야 하나? 내가 지금 자동차 업계에서 연 150~200억 원 매출을 올리고 있으니 그만큼의 액수로 평가받으면 될까? 뭔가 성에 차지 않는다. 진지하게 나의 가치에 대해 생각해본 결과, 윤미애의 가치는 '무한한 발전 가능성'에 있다고 감히 말하고 싶어졌다. 돈의 잣대로 잴 수 없는 열정과 치열함, 지독함으로 다져진 윤미애라라는 사람은 미래 가치가 더 기대되는 상품이다.

"난 넌이 되고 싶습니다."

언젠가 나를 소개하는 자리에서 이렇게 포부를 말한 적이 있다. 나는 지금 이 순간에도 그런 꿈을 꾼다. 20대 때에는 상상도 하지 못했던 자산을 가지게 됐고, 몸담은 분야에서 최고의 성과도 올리고 있지만, 나는 아직도 진행형이다. 지금보다 훨씬 더 큰 성취를 이뤄내고 싶다. 그것이 무엇이든 세일즈일 것임은 분명하다. 세일즈를 너무나 사랑하고, 세일즈가 천직이라 생각하며, 어떤 상품이든 다 팔 수 있는 사람. 나만큼 세일즈를 사랑하는 사람이 있을까?

긴 연휴 중에 오프라인 강의 일정이 잡혔다. 연휴 끝에 이어지는 주말이라, 해외로 가는 사람도 많은 황금연휴의 토요일이었다. 오전 10시 시작인데 하필 비까지 내렸다. 내 돈 들여 듣는 강의라 해도 오기 싫을 것 같은 날이라, 청중이 적을까 봐 걱정됐다. 전날 잠을 설칠 정도였다.

이른 시간 출발해 한 시간쯤 일찍 강의실에 도착해 있었더니, 시작 30분을 남겨두고 한두 명씩 신청자들이 오기 시작했다. 잠시 후 신청자 전원이 참석했다. 울컥할 정도로 감동적이었다. 대학교 3학년생인 어린 학생도 있었고, 좋은 기운을 받고자 전라남도 나주에서 오셨다는 분도 계셨다. 윤미애라는 워킹맘 선배의 노하우를 배우고 싶어 아이를 맡겨두고 온 워킹맘도 있었다.

그분들은 여러 궁금한 점을 물었고, 자신의 이런저런 고민도 이야기했다. 성공에 대한 갈망도 강했고, 방법을 찾고 싶어 했다. 3시간 40분을 목이 아플 정도로 쉼 없이 이야기했지만, 나는 하나라도 더 알려드리고 싶어 마음이 뜨거워졌다. 그리고 처음부터 끝까지 이런 말을 되풀이했다.

"비 오는 황금연휴에 여기 계신 여러분들은 이미 성공의 길에 오르신 분들이에요. 앞으로 성공할 일만 남았습니다."

진심이었다. 나는 온 마음으로 그분들을 응원하고 격려했다. 이 책을 읽는 분들께도 그날과 똑같은 마음의 응원과 격려를 전하고 싶다. 열심히 살아가는 길 위에서 조금 더 확실한 방향을 찾고 힘을 얻고 싶어 이 책을 펼친 분들이 많을 것이다. 어떤 순간에도 포기하지 말고, 자신의 가능성을 믿어보기 바란다. 그리고 치열하게 자신의 일에 매달려보면 분명 길이 보일 것이다.

일과 삶의 균형을 잡기 어려워, 한쪽을 포기하려는 워킹맘들에게도 말하고 싶다. 한쪽 발이라도 꼭 걸쳐 두고 가보라고. 그러면 둘 다 적당히 잘 해낼 수 있는 학습 능력이 생길 것이고, 두 마리 토끼 모두를 잡을 수 있을 것이다.

많은 장애물이 있고, 여러 어려운 상황들이 있겠지만, 화장실도 없는 집에서 시작해 올라온 이 책의 주인공을 떠올리며 위로받아도 좋겠다. 열심히 올라가 '나'라는 상품의 가치를 높이고, 일과 돈 그리고 인생 모두에서 목표를 이루길 바란다. 내가 경험한 바, 그 길로 가는 가장 빠른 길은 정직하게 노력하고 치열하게 나아가는 것이다. 지금까지 나의 이야기가 여러분 모두에게 좋은 영감이 되기를 바란다.

시간 속에
깊어진 인연들

나에게 세일즈는 인생이자 삶의 이치를 가르쳐준 학교와 같다. 그곳에서 만나 가족만큼 가까워지고 둘도 없는 친구가 된 고객들이 있다. 각별한 인연이 되어 내 삶에 스며든 사람들. 그분들을 소개하고 감사의 이야기를 꼭 전하고 싶다.

주말농장에서 직접 재배한 갖가지 채소를 수확해서 주시는 박 여사님 내외분. 여사님이 직접 만든 쌈장을 내가 너무 좋아하니까, 쌈장은 평생 해주신다며 떨어지지 않게 매번 듬뿍 먹게 해주신다. 친해질 즈음 식사 자리에서 나의 어려웠던 시절 이야기를 들으시고는 안쓰러워하며 더 챙겨주신다. 나도 때마다 인사드리고 챙기긴 하지만, 받는 것에 비하면 훨씬 미흡하다.

　큰아이 초등학교 동창 엄마 모임이 있다. 아이들이 18살이니 11년 된 모임이다. 나는 사적인 자리에서 내가 벤츠 딜러라는 이야기는 하지 않는다. 그래도 10년 넘게 만나다 보니, 이제는 모두 내가 무슨 일을 하는지 알게 됐고, 주변에 누가 벤츠를 알아본다면 자연스레 소개도 해준다. 그 엄마들 중에도 차를 바꿀 때가 돼서 자연스럽게 나에게 문의해 차를 산 사람이 있고, 나는 기쁜 마음으로 최선을 다해 도와드린다. 고객으로 만난 게 아니라 사적인 관계에서 발전해 고객이 되니 그 기쁨이 두 배가 됐다. 내 주변에 벤츠를 편하게 팔아줄 친인척이 없어서인지, 그렇게 지인 중 첫 고객을 만들었을 때 뭉클함이 있었다. 주변에서도 나를 알아주는 구나, 하는 뿌듯함도 컸다.

　큰아이가 초등학교 5학년에 미술 공부를 시작했는데 그때 학원 친구 엄마한테 벤츠를 팔 때도 그랬다. 기존에 벤츠를 타고 있었고, 가까운 지인분이 벤츠 딜러로 있었는데도 나에게 차를 샀다. 사적인 관계였으니 차 얘기는 하지 않고 아이 미술 수업 얘기나 하며 편하게 몇 년을 만나왔다. 그런데 차를 바꿀 때가 되자 차량 문의를 해왔고, 나는 정성을 다해 제안하고 출고까지 진행했다. 지금도 잘 타고 계신다.

2015년에 고객으로 처음 뵌 김 대표님은 이제 정말 '베프'가 되었다. 반듯하게 자란 부잣집 아들로 젠틀하고 깍듯한 손님이었다. 어머니와 같이 왔는데 어머니에게 존댓말을 하며 예의 바른 모습이 인상적이었다. 나는 어머니가 아들 차를 사주러 오신 줄 알았더니 아들이 어머니 차를 사드리러 온 것이었다. 어머니 차량을 시작으로 본인 차량과 20여 대의 소개까지, 여러 대를 팔아주셨다. 비즈니스적인 연락만 몇 년간 하며 지냈는데, 그분이 어려운 일을 겪으며 속 깊은 이야기도 나누게 됐다. 외동이라 상의할 만한 조력자가 없을 때, 나에게 여러 이야기를 하게 됐고, 내가 아는 인맥과 정보를 동원해 조언해드렸다. 이후 내가 골프를 시작했을 때 세심하게 안내해주며 골프에 입문하게 도와준 '사부'이기도 하다.

점심을 먹다 호출받고 전시장에 내려갔더니, 짧은 스포츠머리에 긴 코트를 입은 손님이 뒷짐을 지고 전시장을 둘러보고 있었다. 딱 조폭을 연상시키는 외모였다. 당시 시승차로 잘 배치되지 않았던 지바겐을 시승하고 싶다고 하셨다. 지바겐 정도의 고가의 차는 타보고 사는 손님도 잘 없었지만, 살 수는 없어도 한번 타보고 싶어서 내방하던 손님이 많을 때였다. 나는 탐탁치 않은 마음에 "지바겐 시승차가 있는지 확인해보겠습니다" 하고 나왔다. 발레파킹되어 있는 곳으로 가는데, 주차요원이 오리지널 마이바흐 7미터 되는 긴 차량을 주차하고 있었다. 지금은 국내에 단종되어 출고가 안 되는 차다. 주차요원에게 지금 들어가신 남자분 차량이냐고 물어보니 그렇다는 거다. 나는 바로 뛰어 들어가 지바겐 시승을 안내했고, 그분은 시승 후 다시 전시장을 찾아 지바겐을 계약하셨다. 첫인상만으로 오해했던 이 고객은 이후 당신 명의로만 14대가량을 출고해주셨다. 또 항상 나에게 찬사를 아끼지 않으며 지인들까지 여럿 소개해 거의 30대는 출고해주셨다. 12년째 나의 VIP 고객님으로 잘 모시고 있다.

친구 따라 연예기획사에 놀러 갔는데, 정작 친구는 떨어지고 따라갔던 사람이 발탁됐다는 이야기들 있지 않나? 고객으로 만났지만, 그 고객과는 데면데면 멀어졌는데 그분 소개로 알게 된 분이 더 친해진 경우도 있다. 미대 주 교수님이다. 나의 술친구이자 절친이 되어준 고객이자 이제는 '우리 언니'라고 부르는 분이다. 어디에서나 '자랑스러운 잘난 동생'이라고 나를 소개해주는 분. 내가 무슨 복에 이런 좋은 분들을 지인으로 두고 시간을 함께하게 됐는지, 늘 감사하게 생각한다.

그리고 "윤 이사, 평생 술은 내가 살게" 하는 최 대표님. 내가 성장해온 과정도 지켜보셨고, 나 역시 그분의 두 딸이 예쁘게 성장하는 과정도 다 들었다. 어렵게 살아온 내 지난 환경을 알게 된 후 더 크게 응원해주시는 분이다. '세일즈 정말 잘 한다'라고 늘 칭찬해주시며 고기와 술은 평생 사줄 수 있다고 언제든 연락하라는 말씀이 기억에 남는다.

건국대 부동산대학원과 전주대 부동산대학원의 선배인 김 박사님도 빼놓을 수 없다. 골프를 함께 치고 저녁 식사를 하던 자리였다. 나는 자연스레 어렵게 살아온 이야기를 했다. 그러자 "그런 이야기 어디 가서 하지 마"라고 말씀하시는 게 아닌가. 이런 반응은 처음이었다. 왜냐고 물으니, "지금 이렇게 잘살고 있고, 밝고 좋은 기운을 주며 세일즈하는 사람이 굳이 그런 이야기를 왜 해"라는 것이다. 내 지난 시절을 부끄럽게 생각했던 적 없던 나는 언짢은 마음이 들었고 다시는 그분과 자리하기 어렵겠구나, 생각했다.

얼마간의 시간이 지난 후, 김 박사님한테 전화가 왔다. 친언니가 타 브랜드 차량을 계약까지 해놨는데, 벤츠로 하라고 강력하게 얘기했다면서 같이 찾아오겠다고 했다. 친언니도 자수성가한 멋진 분으로, 함께 방문하신 후 나에게 벤츠 S클래스를 구매하셨다. 그때부터 김 박사님은 주변에 내 소개를 많이 해주셨고, 그러면서 자주 연락도 하게 되며 좀 더 깊이 알게 됐다. 사회생활을 왕성히 하는 것 하며, 똑소리 나게 일하는 스타일 하며, 나랑 결이 아주 잘 맞는 분이었다. 내게 해줬던 이야기도 애틋한 염려에서 나온 것임을 알게 됐다. 이제 함께 여행도 하고 삶의 깊은 이야기도 나누는 사이가 된 김 박사님, 내가 박사과정을 마치는 데에도 응원과 격려를 아끼지 않은 김 박사님께도 너무나 감사하다는 마음을 꼭 전하고 싶다.

이 밖에도 일일이 다 열거하기 어려울 만큼 많은 분들을 나는 고객으로 만났고, 내 인생의 인연으로 간직하고 있다. 이런 좋은 분들이 함께해주셔서 너무나 든든하고 위안이 된다. 오늘도 행복하게 내 일을 즐길 수 있게 해준 나의 모든 고객분들께, 이 자리를 빌어 감사 인사를 전한다. 이분들 덕분에 나는 영업사원이라는 게 뼛속까지 행복하다.